Tratado Completo de la Raza

EL BOXER

EDITORIAL HISPANO EUROPEA S. A.

EL BOXER

Richard Tomita

Título de la edición original: **A New Owner's Guide to Boxers.**

© de la traducción: **Fernando Ruiz Gabás.**

Es propiedad, 2000
© **T. F. H. Publications, Inc.** Neptune City. N. J. (EE. UU.).

© de la edición en castellano: **Editorial Hispano Europea, S. A.**
Bori i Fontestà, 6-8. 08021 Barcelona (España).

El autor agradece a Judy Iby su contribución en los siguientes capítulos:
El deporte de los perros de pura raza, Identificación y búsqueda de perros perdidos,
Viajes con su perro, Comportamiento y comunicación canina,
Cuidados sanitarios de su Boxer.

Depósito Legal: B. 2659-2000.

ISBN: 84-255-1202-6.

Segunda edición

IMPRESO EN ESPAÑA   PRINTED IN SPAIN
LIMPERGRAF, S. L. - Mogoda, 29-31 (Pol. Ind. Can Salvatella) - 08210 Barberà del Vallès

ÍNDICE

El Boxer es una raza noble y elegante.

Los cachorros de Boxer son adorables y juguetones.

Este Boxer disfruta con este hueso mientras cuida su dentadura.

Los Boxers son atléticos y coordinados, y se desenvuelven muy bien en pruebas de agilidad y otras semejantes.

El nombre Boxer procede en que la raza «levanta sus manos» cuando juega.

6

Los cuidadores deben familiarizarse con el estándar de la raza del Boxer.

Al viajar debe tener siempre en cuenta la seguridad y la comodidad de su perro.

INTRODUCCIÓN al Boxer

Muchos de nosotros recordamos cariñosamente a los Boxers de nuestra juventud. Por tanto, no es sorprendente que seleccionase de nuevo la raza cuando fui adulto. Como criador profesional, he entrevistado a centenares de potenciales propietarios de Boxers en los últimos veinte años y, con gran frecuencia, han crecido conviviendo con la raza.

No es sorprendente que el Boxer haya sido desde hace mucho tiempo una mascota preferida por la familia. Los Boxers y los niños parecen hechos los unos para los otros. Ambos son ansiosos, entusiastas, están llenos de energía y con ganas de divertirse. Los padres aprecian la capa corta, de fácil mantenimiento, el tamaño moderado, y el temperamento agradable y estable. Sin embargo, es preciso recordar que los Boxers, al igual que los niños, tienen una naturaleza inquisitiva. No obstante, una casa que esté a prueba de Boxers está también a prueba de niños.

Aunque los Boxers son generalmente amistosos con las personas, y les gusta excesivamente besar, también son buenos protectores de la familia si se presenta el

Los Boxers y los niños parecen estar hechos los unos para los otros. Ambos son dinámicos, entusiastas y siempre tienen ganas de divertirse. Éste es Jacquet's Kaiser, propiedad de Shozo Kawakami, Japón.

caso. Históricamente se les ha utilizado en tareas bélicas y de policía. También han sobresalido como perros guía y de servicio y como ayuda en la terapia de disminuidos.

La raza también ha destacado en el ring de las exposiciones ca-

Aunque el nombre pueda sugerir otra cosa, el Boxer es cariñoso y no pendenciero. Éste es Brazilian Ch. Warena's Amadeus.

Los propietarios de un Boxer aprecian su capa corta, de bajo mantenimiento, su tamaño moderado y su temperamento dulce y estable. Éste es Ch. Vihabras's Sun Tan, con su dueña Xena Takahashi.

ninas. No sólo han ganado títulos de campeón, sino que también han conseguido batir records. Los títulos de obediencia no han sido tan numerosos, pero los han obtenido regularmente gracias a los esfuerzos de los especialistas en la raza y particularmente en esta disciplina.

Aunque pueda parecer que el Boxer tenga un poco de algo para todos en sus cualidades, no es

Generalmente los Boxers son amistosos con las personas y les gustan inmoderadamente los besos. Este cachorro de Boxer es propiedad de Steven y Ann Anderson.

El Boxer es desde hace tiempo una mascota favorita para la familia. Éste es Bosco con su propietario George Michals.

una raza que deba llevarse a casa sin información y sin un cuidadoso estudio. No todas las personas ni todos los estilos de vida son compatibles con la propiedad de un Boxer.

En las páginas siguientes, doy una visión general de la raza, confiado de que será una introducción útil para el futuro o nuevo propietario de un Boxer. El lector encontrará amplia información en este libro y en otros de la misma Editorial, escritos por criadores y especialistas.

Nunca se ponderará bastante la importancia de una buena cría. Éste es Ch. Jacquet's Vacheron, progenitor de los magníficos Bosco Michals.

ORÍGENES del Boxer

El Boxer desciende de las antiguas razas tipo moloso que existieron en muchas zonas del mundo, incluyendo la mayor parte de Europa y Asia. Eran perros de tamaño mediano a grande, poderosos y frecuentemente agresivos. Eran de un tipo o familia generalizada de perros que todavía tenían que llegar a fijarse en razas específicas. Si imagina un triángulo con los mastines del Tíbet en el punto más alto, los perros tipo moloso serían el primer paso hacia la formación de la mayoría de razas de trabajo que conocemos actualmente, el Boxer entre ellas.

El segundo paso en la formación de la raza fue la división de los tipos molosos en dos grupos reconocibles. El primero consistía en perros grandes, con capas entre largas y semilargas, en diversos colores. Más tarde se convertirían en los perros guardianes de rebaños, entre los que figuran el Montaña de los Pirineos, el Kuvasz y el Komondor, así como diversas razas reconocidas internacionalmente. El segundo grupo consistía en perros de tamaño grande a me-

Una pintura de los Bullenbeissers del siglo XVIII por J. E. L. Reidinger de Augsburgo.

diano, con capas cortas, en colores leonado, azul o moteado. El Mastiff Inglés, el Bulldog, el Bullmastiff, el Dogo Alemán y el Boxer derivarían de este grupo.

El siguiente paso evolutivo, entre los siglos XII y XIV, fue una ulterior división de los molosos de capa corta en Europa central y occidental, así como en el sur de Francia, España e Italia. Dependiendo de sus cualidades funcionales, se desarrollaron tres líneas distintas:

1) Un tipo pesado de perro, que fue el precursor del Mastiff Inglés,

El primer Boxer Flock St. Salvator. El primer estándar de la raza se basó en este perro.

del Mastín Napolitano y del Dogo de Burdeos;

2) un perro grande con piernas más largas que produjo el Dogo Alemán, el Irish Wolfhound y el Scottish Deerhound;

3) un perro más pequeño y ligero con mayor agilidad, con una cabeza corta y pesada, que un día identificaría a las razas tipo «bull», tales como el Bulldog, el Cane Corso y el Boxer.

Las tres líneas evolutivas continuaron desarrollándose teniendo como base principal sus características funcionales. Cuando se comprobó que determinados rasgos estructurales eran vitales para algunas tareas específicas, se procedió a una cría selectiva una y otra vez. De este modo, se fueron desarrollando eventualmente las razas.

Los perros alemanes de este periodo se diferenciaron sólo por la función. Los nombres por los cuales se les conocía venían determinados por el trabajo que realizaban, por ejemplo, el Bullenbeisser (mordedor de bueyes) y el Berenbeisser (mordedor de osos). Aunque ambos eran esencialmente el mismo perro, se les denominaba

Meta v. d. Passage fue uno de los cuatro primeros Boxers que contribuyeron significativamente en la consolidación de la raza y sentaron las verdaderas bases sobre las cuales se desarrollaría.

de modo diferente debido más a la función que a su aspecto.

El Bullenbeisser ha sido descrito como un perro de tamaño mediano con músculos y huesos muy fuertes, una cabeza más cuadrada que larga, mandíbulas extremadamente fuertes, de ánimo muy valiente, bravo, de espíritu competitivo y de carácter extraordinariamente fiel.

Por medio de una cría selectiva, se redujo el tamaño del Bullenbeisser. Puede verse este perro más pequeño en las pinturas de J. E. L. Reidinger de Augsburgo (1698-1767). La cabeza es típica del Boxer mientras el cuerpo muestra el

mismo perfil general. Inicialmente estos perros más pequeños eran sólo de colores de leonado o marrón moteado con máscaras negras. No fue hasta alrededor de 1830 que aparecieron las marcas blancas, que se atribuyeron a la introducción de Bulldogs ingleses en los programas de reproducción. Sin embargo, los Bulldogs de esa época no eran las versiones estilizadas actuales, sino que tenían una estructura más de tipo Mastiff, coherente con los aspectos funcionales del Bullenbeisser con los cuales se cruzaron.

Hacia finales del siglo XIX los alemanes empezaron a apreciar el valor de este perro más pequeño de tipo Mastiff, que había sido utilizado para cazar y luchar. Algún tiempo después, se cruzaron con otras razas porque el interés por la cría canina se fue concretando en producir perros no sólo funcionales sino también de estética agradable, como en el caso del Bullenbeisser. La fase final, que condujo al Boxer tal como le conocemos actualmente, se produjo en 1895 en Munich, donde un perro llamado Flocki fue inscrito en una exposición canina en una clase experimental. Flocki fue producto de un cruce de Bullenbeisser con un Bulldog Inglés. Sólo se parece al Boxer actual en la cabeza y la expresión. Sin embargo, fueron estas características las que condujeron a su inscripción como el primer Boxer en el libro de registros.

Aunque los primeros perros carecían de homogeneidad, su contribución a la raza en conjunto fue importante, ya que cada uno tenía en desarrollo rasgos predominantes de Boxer. Entre estos primeros perros registrados destacaron cuatro: dos hembras conocidas como Blanka Von Argentor y Meta v. d. Passage; y dos machos llamados Wotan y Flock St. Salvator. Estos cuatro originaron dos líneas distintas: una descendiente de Wotan que poseía un tipo marcado y mucha fuerza; y otra de Flock St. Salvator que era de complexión cuadrada y elegante, aunque con cabeza más ligera. La subsiguiente unión de estas dos líneas constituyó el verdadero fundamento del cual derivó el Boxer como raza.

El primer Club del Boxer Alemán se fundó en enero de 1896, seguido poco tiempo después por su primera exposición oficial de Boxers en marzo del mismo año. El debate referente al estándar escrito empezó en esa exposición y continuó hasta el 14 de enero de 1902, cuando se adoptó un estándar basado en Flock St. Salvator.

Aunque está aceptado que el Boxer es de origen alemán, su nombre es inglés. Hay dos teorías, la primera sostiene que la palabra «Boxer» es una corrupción del vocablo «boxl» que se había aplicado anteriormente a varios perros en Alemania. La segunda teoría considera que el nombre deriva de la manera característica en que el Boxer utiliza sus extremidades delanteras cuando juega o lucha.

HISTORIA en Alemania

por Karla Spitzer

De 1902 a 1911 fue un periodo de crecimiento y desarrollo de la raza, al conseguirse una mayor homogeneidad. Además, cierto número de rasgos menos deseables se convirtieron en descalificaciones de la raza por medio de revisiones del estándar escrito.

Aunque muchos de los perros iniciales eran blancos o multicolores, en 1904 el negro liso constituía motivo de descalificación. La única razón para ello se debía al «comportamiento inaceptable» de un hombre al que se conocía meramente como Herr Schactner, propietario del negro Graf Blitz von Graudenz.

El color blanco permaneció registrable mucho más tiempo. Entonces, alrededor de 1925-1936, se desaprobó el blanco. Se han hecho diversas especulaciones sobre el porqué cayeron en desgracia los blancos. Algunos dicen que fue para distinguirles de los bulldogs ingleses, mientras que otros consideran que, a medida que aumentaba el uso del Boxer como perro policía, el color blanco se veía demasiado de noche. Cualquiera que fuera la razón, tanto los Boxers negros como los blancos siguen siendo descalificados en todos los estándares de Boxers.

En todo caso, en 1911, cuando la futura Frau Stockmann, cuya vida abarca la historia de la raza en Alemania, apareció en la escena canina en Munich, la raza estaba a punto para llegar a ser popular en Alemania.

La entonces joven Friederun Miram había soñado desde su infancia en tener un Boxer, una raza que ella sólo había visto en fotografía en uno de los libros de su hermano. Al momento quedó totalmente enamorada para siempre de la raza.

Ella se fue de su casa cerca de los veinte años para proseguir sus estudios, y todo lo que hizo a partir de entonces tuvo algo que ver con los Boxers. Tanto a través del arte, de la fotografía, como de las exposiciones, sus conocimientos sobre la raza fueron legendarios incluso en su propia época.

Aunque su asociación inicial con Philip Stockmann fue meramente una relación social respetuosa, alguien con quien se esperaba cenar una vez al mes, esto cambió rápidamente cuando él le regaló a su amado perro Pluto, un gran Boxer macho atigrado. Por romántico que esto pueda parecer hoy en día, el destino fue una bendición mixta. Pluto llegó a ser conocido como «El Feroz». Era un perro agresivo en extremo, inmanejable con correa, con tendencia a escaparse y a atacar a otros animales. Sin embargo, Frau Stockmann no se desanimó fácilmente y amó apasionadamente a Pluto.

Pluto era un perro suficientemente bueno, «del tipo antiguo», para ser inscrito en el libro genealógico. Así llegó a figurar como el primer perro de su criadero inscrito con el afijo «von Dom». El nombre deriva del recuerdo de Frau Stockmann de las muchas peleas que Pluto había tenido en las cercanías de la catedral (Dom). Sin embargo, a pesar de Pluto, el nombre «von Dom» se haría famoso en todo el mundo entre los amantes de los Boxers.

Poco tiempo después, la futura Frau Stockmann compró a Laska con el dinero que sus padres le habían dado para pagar unas ca-

Firmemente asentado en la costa oriental de América, este Boxer mira a través del vasto océano Atlántico recordando sus orígenes alemanes.

ras lecciones de arte. Una cosa llevó a la otra, y por fin se casó con Philip Stockmann. A continuación alquilaron una casa en las afueras de Munich y se establecieron como criadores de Boxers. En esa época ella adquirió al campeón, Roll von Vogelsberg, el cual llegó a ser el semental de su Laska. Más tarde adquiriría una hembra campeona, Urschi von Hildesberg.

Durante los años anteriores a la primera guerra mundial, las cosas siguieron yéndoles bien a los Stockmann. Frau Stockmann no sólo se estableció como criadora y expositora sino también como artista en el mundo canino. Sus esculturas y fotografías tuvieron éxito y mucha demanda.

En 1914, los Stockmann tenían un criadero en auge y una hija bebé en su nueva granja. Sin embargo, Austria estaba a punto de declarar la guerra, en la que pronto entraría Alemania. Al cabo de pocas semanas, Philip fue reclutado y Frau Stockmann se quedó sola.

Más tarde, durante ese año, el Boxer Club de Munich inició una campaña para movilizar a todos los Boxers disponibles para ayudar al ejército alemán contra los francotiradores y otros enemigos infiltrados que disparaban a los soldados durante su servicio como centinelas. Siguiendo una recomendación de unos viejos amigos de Frau Stockmann, a Philip se le encomendó la tarea de criador de Boxers. De esta manera el

El campeón internacional Lustig von Dom, exhibido por Frau Stockmann en Alemania.

Philip Stockmann con perros centinelas. Durante la primera guerra mundial el ejército alemán utilizó Boxers contra los francotiradores que disparaban sobre los soldados durante su servicio de vigilancia.

22

«La madre de los Boxers», Friederun Stockmann, alimentando a sus famosos Boxers von Dom. En el siglo XX se estableció como criadora, exhibidora y artista en el mundo canino.

Boxer llegó a ser un perro de guerra pionero.

Aunque fueron adiestrados por el ejército tanto perros campeones como perros que eran mascotas, los campeones fueron los primeros seleccionados. Esto no es tan insólito como pudiera parecer, ya que el refrendo de un campeonato en Alemania, ahora y entonces, es una demostración de capacidad de trabajo. Esto era equivalente a lo que actualmente llamaríamos trabajo de *Schutzhund*.

Los Boxers, con su gran velocidad, agilidad y potencia, se mostraron de incalculable valor. Los ataques de francotiradores disminuyeron drásticamente cuando los soldados empezaron a patrullar

23

con Boxers. Posteriormente también se utilizaron otras razas, pero inicialmente los Boxers fueron los principales perros de guerra en Alemania. Uno de los mejores fue el campeón Roll von Vogelsberg. Su infalible olfato y su instinto hizo posible que rodease y contuviese a grupos enteros de soldados y francotiradores por sí solo hasta que llegaba ayuda humana.

A pesar de la guerra, Roll todavía tuvo tiempo para engendrar una o dos camadas para Frau Stockmann, produciendo varios descendientes famosos. Sin embargo, la realidad cotidiana de dirigir un criadero en tiempo de guerra implicaba una penosa situación económica. Frau Stockmann perseveró, aun cuando muchos de sus perros más prometedores tuvieron que ser vendidos o cayeron enfermos por falta de dinero y de servicios veterinarios adecuados. Fue alentador el hecho de que Roll, a pesar de su edad y de los largos y duros años de guerra, ganase su quinto campeonato después de la contienda, permitiendo a Frau Stockmann retirarle invicto.

La vida después de la guerra no fue mucho mejor pero Frau Stockmann, con su indomable personalidad, se las arregló para criar al semental de su nueva dinastía durante esta época. Ivein von Dom,

El campeón de Frau Stockmann, Sigurd von Dom, a los 14 meses de edad, fue el primer Boxer que vendió a un americano.

Éste es Int. Ch. Patrick v. Stedinger Hof, SchH III, AD, propiedad de Ralf Brinkman, Alemania.

un perro de color leonado, aunque no llegó a campeón, fue el progenitor del campeón Sigurd von Dom y de la campeona internacional Pia von Isebeck. Entonces, en 1933, produjo a Lustig von Dom, el cual

25

«dejaría a todos los demás en segunda fila», tal como ella señaló más tarde. Inicialmente, ella había creído que Lustig era un «cachorro barato» a causa de las marcas blancas en su cara. Según los estándares alemanes, se le consideró defectuoso por el pigmento rosado de su trufa y hocico.

A medida que se fue recuperando el nivel de vida en Alemania, también sucedió lo mismo con las exposiciones de perros, y Lustig llegó a ser un campeón. Durante este tiempo muchos norteamericanos ricos se dirigieron a Frau Stockmann para comprar perros, pues su reputación como criadora experta e impecable se había extendido por doquier. Aunque rechazó muchas ofertas por Lustig, acabó vendiendo a Sigurd, a los cinco años de edad, a Mrs. William Z. Breed. Al final, sin embargo, la tragedia iba a golpear de nuevo, pues el Tercer Reich empezó a ganar poder en Alemania. Al no tener otra opción, Lustig fue vendido a las Tugley Wood Kennels, propiedad de Erwin O. Freund. Llegó a los Estados Unidos en marzo de 1937, y en su primera exposición, al cabo de una semana, fue proclamado campeón.

La venta de Lustig fue muy dolorosa para Frau Stockmann, pero fue muy beneficiosa para los Boxers norteamericanos. La progenie de Lustig produjo los célebres Bang Away de Sirrah Crest.

Después de la partida de Lustig hubo algunos años más de paz y prosperidad. Pero gradualmente Alemania se fue preparando para la segunda guerra mundial, y el gobierno controló y reguló cada vez más asuntos. Finalmente el gobierno alemán creó un departamento de «Asuntos de Perros Alemanes», controlado por el alto mando del ejército. Se prohibieron las grandes exposiciones de perros, aunque, por alguna razón, no sucedió lo mismo con las pequeñas. Se anticipó que los perros serían requisados una vez más con propósitos militares, y se aprobaron normas que exigían que al menos el padre o la madre en todas las camadas tuviera una medalla de obediencia, para asegurar que la prole fuera adiestrable. Cuando se aplicó este programa, se revisó a todos los perros y sólo se dieron raciones de comida a los adiestrados en obediencia.

Los Boxers se clasificaron en segundo lugar de acuerdo con su

Éste es el Jahrjugendchampion Impala v. Okeler Forst, SchH I, AD, criado por su dueño Ralf Brinkman, Alemania.

utilidad, probablemente a causa de su actuación en la primera guerra mundial. El perro pastor alemán se clasificó siempre primero porque, tal como Frau Stockmann lamentó, podía ser adiestrado por cualquiera, a diferencia del inteligente y a veces terco Boxer, y además su capa le proporcionaba mejor protección contra el frío.

Al estallar la segunda guerra mundial, Frau Stockmann se vio una vez más en apuros desesperados tratando de alimentar y cuidar a sus perros. No obstante, mantuvo un programa de adiestramiento en rastreo, obediencia y Schutzhund para hacer frente a las futuras necesidades del ejército. También adiestró a perros mensajeros para utilizarlos detrás y alrededor de las líneas enemigas.

Después del final de la guerra y de la pérdida de su marido en 1945, Frau Stockmann reanudó su programa de cría. Varios perros de la progenie de Lustig habían sido trasladados de Alemania a América después del estallido de la guerra. Entre ellos figuraban su hijo, el campeón Kyrras von der Bluteneau, y su hermana, Liesel von der Bluteneau. También se incluían Ajax von der Holderburg, su hermano de camada Arno von der Holderburg, y Xuntfig y Volkman von Dom. De los hijos de ca-

cachorros morían, Frau Stockmann corrió un gran riesgo al aparear a su Anka von Hofbauer, su hembra más prometedora, con el campeón alemán Harry von der Storchenburg. Después de nueve semanas, Anka parió una cama-

El Boxer sigue siendo una de las mascotas más populares de Alemania. Ésta es Ivette v. d. Boxer-Gilde, propiedad de Brigitie Miller, Alemania.

tegoría máxima de Lustig, solamente uno, Danilo von Konigsee, permaneció en Alemania.

Las camadas de posguerra fueron decepcionantes, pues los años de dureza y privaciones pasaron su peaje. Aunque todos los otros

da. Fue la única hembra que crió a su camada en esa época.

Cuatro años después, en 1949, fueron los americanos los que ayudaron a reestablecer los criaderos von Dom a partir de la progenie anteriormente comprada a la propia Frau Stockmann. Durante una visita a los Estados Unidos, ella comentó las dificultades durante la guerra, y el peaje que ésta se había cobrado con los perros alemanes. Los Wagners, cuyo criadero Mazelaine había sido fundado con la línea de Frau Stockmann a través del campeón Sigurd, el primer perro que ella vendió a un americano, y sus nietos, Dorian von Marienhof y Utz von Dom, le dieron un macho escogido de una de sus mejores camadas. Dos años más tarde, ese cachorro, Czardus of Mazelaine, llegó a ser un campeón alemán. Ella también se llevó dos perros de Sirrah Crest, Abra Dabra y Goody Goody, en su viaje de regreso a Alemania.

Es interesante observar que durante esta visita a los Estados Unidos ella actuó como juez en una exposición en Los Ángeles, donde se presentó un cachorro de diez semanas propiedad de Dr. y Mrs. Rafael Harris, del criadero Sirrah Crest. Dio una ojeada a Little Lustig, un perro de color de leonado con máscara y patas blancas, y lo calificó en cabeza de su categoría. Este cachorro, el joven Bang Away de Sirrah Crest, llegó a ser uno de los mayores campeones americanos legendarios de todos los tiempos. Estableció un récord al ganar más de un centenar de primeros premios en exposiciones.

Frau Stockmann regresó a Alemania con perros con la intención de volver a rellenar el vacío fondo genético del linaje von Dom. Sin embargo, poco tiempo después del campeonato de Czardus, volvió a tener problemas financieros y vendió el perro a un inglés, el cual, a su vez, lo vendió a un oficial americano. De este modo, Czardus fue el único Boxer americano que llegó a ser campeón alemán y luego regresó a América.

Y ésta es la historia de Frau Stockmann. Aunque no fue defecto suyo, su firmeza en mantener y promover a sus mejores perros sobrepasó frecuentemente a su capacidad de hacer lo que realmente quería para ellos. A menudo vendió a sus mejores perros para conservar a los que no eran los más hermosos ni los mejores. Fueron sus campeones los que salvaron al resto, una vez tras otra. Y fue su firme dedicación lo que nos ha permitido disfrutar de esta maravillosa raza –el Boxer– con toda su belleza, personalidad y cualidades.

HISTORIA en los Estados Unidos

La historia inicial del Boxer en los Estados Unidos está mal documentada. El conocido juez Charles G. Hopton recordaba que se habían exhibido dos Boxers en la exposición de Westminster de 1898, y Frank Bigler citaba rumores de exhibiciones de Boxers en Chicago en 1904. El primer Boxer que ganó un campeonato en los Estados Unidos fue Sgr. Damph von Dom en 1915. Era propiedad del gobernador de Nueva York y Mrs. Herbert G. Lehman. Aunque había unos cuantos aficionados a los Boxers en los años veinte, no fue hasta comienzos de los años treinta cuando la raza empezó a hacerse popular.

Marcia y Jack Fennessy de Cirrol Kennels importaron al campeón internacional Check von Hunnenstein en 1932. Se le hizo mucha publicidad y fue el primer Boxer que ganó un título de «Best in Show». Y aún más importante, fue un gran perro con una personalidad maravillosa que hacía amigos para la raza por dondequiera que iba. Como había pocas perras de calidad, Check no engendró hijos de mérito relevante. Sin embargo, ejerció una gran influencia sobre la raza, y su nombre figura en los pedigrees de muchos grandes perros a través de su nieto, el campeón Dorian von Marienhof.

La primera perra que ganó un campeonato fue Dodi von der Stoeckersburg, criada por Henry Stoecker y propiedad de Mrs. Miriam Breed. Ese mismo año, 1933, Birbama Crab llegó a ser la primera Boxer criada en América que ganó un grupo. Luego, en mayo de 1934, Mrs. Miriam Breed compró al campeón importado Sigurd von Dom para su criadero Barmere, recientemente fundado.

A Sigurd se le hizo mucha publicidad y ganó numerosos títulos en exposiciones. Calificado por algunos como «el padre de los Boxers americanos», Sigurd fue un perro excepcional, de color de leonado, con una personalidad extraordinaria. Así, en 1935 se produjo un gran auge de la popularidad del Boxer, y fue el año en que se fundó el American Boxer Club.

Al mismo tiempo, también creció y se afianzó el American Kennel Club. Se dictaron reglas y normas. Se incentivó a los criadores para que exhibieran a sus perros criados en América. Se formaron diversos clubs que se hicieron miembros del AKC. Éste es el caso del American Boxer Club creado en mayo de 1935. Una vez admitido, solicitó que el Boxer pasara del grupo no deportivo al grupo de trabajo, lo cual se aprobó más tarde ese mismo año. Además, 1935 fue el primer gran año para los Boxers en los Estados Unidos. No sólo creció notablemente su número, sino que la calidad y el éxito de la raza había demostrado que un buen Boxer podía sobresalir en comparación con otras razas.

Entonces, en 1936, Mr. y Mrs. John P. Wagner importaron al campeón alemán Dorian von Marienhof para su criadero Mazelaine. En Alemania, Dorian había sido declarado, casi unánimemente, sobresaliente entre los mayores perros de exposición existentes. Su viaje por América sirvió para incrementar aún más su reputación. Después de sólo 21 meses en el país, fue presentado en un total de 34 exposiciones, y permaneció invicto dentro de su propia raza

Ch. Dorian von Marienhof, importación de Alemania, fue el primer Boxer que ganó el grupo de trabajo en la exposición de Westminster en 1937, organizada por la Sociedad Canina que da nombre a la misma.

con unos sorprendentes 29 primeros puestos en el grupo de trabajo y 22 «Best in Show». Además, fue el primer Boxer que consiguió el número uno en el grupo de trabajo de la exposición de Westminster en el año 1937.

Dorian, que era nieto de Sigurd por una parte y nieto de Check por la otra, dejó su huella en el mundo de los Boxers americanos, no sólo a través de su extraordinaria carrera de exposiciones, sino también, lo que es más importante, a través de su progenie. Fue uno de los pocos Boxers realmente grandes de la época que reprodujo directamente su calidad, engendrando más de 35 campeones criados en América en un tiempo comparativamente corto.

Otra de las primeras piedras angulares del mundo del Boxer americano fue el campeón internacional Lustig von Dom, que fue importado por Mr. y Mrs. Erwin Freund para su Tugley Wood Kennel. Lustig llegó en marzo de 1937,

empezó y terminó su campeonato en una semana, desde su primera exposición, con un «Best in Show», dos primeros de grupo y un cuarto de grupo. Hay que recordar que Lustig tenía cuatro años cuando llegó a los Estados Unidos, fue presentado un total de 21 veces, y acabó invicto dentro de su propia raza con 13 primeros de grupo y dos «Mejor de Raza». Una de sus victorias más notables fue «Best of Breed» en la exposición de Westminster de 1938, con Herr Philip Stockmann. Engendró un total de 87 camadas en los Estados Unidos y su impacto en la raza es bien conocido.

Otro gran perro de la década de los años treinta fue otra importación del criadero Mazelaine, Utz von Dom. Llegó a los Estados Unidos en abril de 1939. Presentado un total de 50 veces, ganó 48 «Best of Breed», 25 primeros de grupo, 15 segundos de grupo, tres terceros de grupo y cinco cuartos de grupo. Obtuvo el «Best in Show» un total de cuatro veces antes de su retirada del ring de exposiciones en el año 1940.

Es interesante observar que el primer Boxer que se clasificó primero de grupo en la exposición de Westminster fue Dorian von Marienhof en 1937, el segundo fue Utz von Dom en 1940, y el tercero fue el gran Warlord of Mazelaine, hijo de Utz y de una hija de Dorian. Tanto Dorian como Utz habían sido importados por los Wagners del criadero Mazelaine. Warlord fue producto de una cría de Mazelaine.

El periodo de 1946 a 1956 se conoce como la «era dorada del Boxer». En todas partes hubo un auge sin precedentes de la raza. El Boxer empezó a dominar los rings de las exposiciones con múltiples triunfos como primero de grupo y «Best in Show».

Warlord, que empezó su destacada carrera con una victoria en la categoría en el American Boxer Club, fue el primer Boxer que consiguió un «Best in Show» en Westminster. Esto sucedió en 1947. Dos años más tarde, Ch. Mazelaine's Zazarac Brandy también ganó en Westminster y estableció un récord de 56 victorias «Best in Show» en exposiciones abiertas para todas las razas. Sin embargo, el récord de Brandy no iba a durar mucho. Al cabo de unos meses, el espectacular Ch. Bang Away de Sirrah Crest se situó en vanguardia.

Propiedad del Dr. y Mrs. Harris,

Bang Away, un cachorro desconocido, atrajo considerable atención en Los Ángeles cuando fue calificado «Best in Match» por Frau Stockmann, la cual le había llamado «Pequeño Lustig» y había declarado que era el «mejor Boxer actual de América». Debutó en 1950 en el ABC, y llegó a ser el tercer Boxer

Colliers, Esquire y en muchos periódicos y revistas de temas caninos. Fue reconocido y admirado por todo el mundo. Es obvio decir que tuvo un gran impacto en la raza, ya que engendró a 81 campeones americanos así como a cierto número de campeones de otros países. De éstos, siete llegaron a

Ch. Bang Away de Sirrah Crest, ganador de 121 premios «Best in Show», incluyendo el del Westminster Kennel Club, hizo famoso al Boxer en América.

que ganó el «Best in Show» en Westminster. Su fama se divulgó extensamente en 1952 y batió el récord de triunfos de «Best in Show» en exposiciones de todas las razas en el Trenton Kennel Club en mayo de ese año.

Bang Away fue el perro de fama más divulgada de todos los tiempos. Apareció en las revistas *Life,*

ser también máximos productores, incluyendo a Ch. Barrage of Quality Hill, otro destacado perro de exposición.

Bang Away causó tal impacto que fue homenajeado en una cena celebrada la noche antes del ABC Specialty de 1956 en el Hotel Shelton. Desde entonces esto se conoce como el banquete testimonial de «Ésta es su vida Bang Away», en honor de Ch. Bang Away of Sirrah Crest. Sus propietarios estaban presentes con un álbum de recortes detallando su récord de «Best in Show» y su progenie de campeones. En el momento adecuado, Bang Away fue conducido al salón donde recibió una fuerte ovación. Durante el resto de la velada, el propio Bang Away se colocó en la mesa de presidencia, resplandeciente con un collar de diamantes de imitación y una cruz ahora famosa, recibiendo bocados de filete servidos por un maitre en bandeja de Sheffield. El homenaje a Bang Away fascinó a la prensa y proporcionó aun más publicidad a la raza y a ABC.

Ch. Barrage of Quality Hill ganó el grupo de trabajo en Westminster en 1955 y 1957 y el National Specialty del American Boxer Club en 1956.

El famoso Warlord of Mazelaine fotografiado cuando ganó el «Specialty Show» de 1947 del American Boxer Club.

La era dorada finalizó en cierto modo a mediados de los años cincuenta, pero el interés por los Boxers siguió siendo intenso. La raza continuó dominando el grupo de trabajo en Westminster, con Ch. Sparkplug en el puesto de honor en 1954; Ch. Barrage of Quality Hill en 1955 y 1957; Ch. Baroque of Quality Hill, un hermano de camada de Barrage, en 1956; y Ch. Marjack's Golden Windjammer en 1958. Dos años más tarde, un hijo de Bang Away, Ch. Marquam Hill's Commanche ganó el Grupo.

Además del éxito del Boxer en el ring de exposición, el periodo de 1944 a 1955 se caracterizó por un

Ch. Turo's Futurian of Cachet, propiedad de Jeff y Nan Eisley-Bennett ganó el grupo de trabajo en Westminster en 1996.

gran incremento en el número de Boxers compitiendo en la pista de obediencia. Indudablemente detrás de esa belleza había cerebros.

Después de la era dorada del Boxer, hubo una lenta transición de operaciones de grandes criaderos de más de 100 perros a criadores más pequeños. Sin embargo, el Boxer, como raza, permaneció fuerte y continuó produciendo más de su porcentaje de grandes campeones, incluyendo a Ch. Eldic's Landlord, Ch. Treceder's Painted Lady y la fabulosa camada Salgray «F» de seis campeones: Fashion Plate, Flying High, Flaming Ember, Flame Crest, Fanfare y Frolic, así como Ch. Millan's Fashion Hint y Ch. Arriba's Prima Donna.

La exposición de Westminster de 1970 vio una vez más el triunfo de un Boxer como «Best in Show». Esta vez fue la hembra Ch. Arriba's Prima Donna.

A partir de este momento, el número de Boxers campeones producido por una amplia serie de criaderos llega a ser demasiado extenso para mencionarlos. Muchas de los criaderos de los primeros tiempos todavía continúan existiendo, y en el transcurso de los años se han añadido otros muchos. Algunos de los nombres más recientes son TuRo, Jacquet, Cherokee Oaks, Holly Lane, Merrilane, Hi Tech y muchísimos otros.

Actualmente muchos criaderos americanos famosos continúan produciendo campeones de calidad. Éste es Ch. Jacquet's Cambridge Fortune, criado por el autor.

ESTÁNDAR del Boxer

Un estándar de una raza es la descripción escrita del ejemplar ideal de la misma. Aunque ningún perro es perfecto, los criadores intentan acercarse todo lo posible a la perfección en cada generación sucesiva. El contenido del estándar del American Kennel Club para cada raza reconocida es controlado por el club nacional reconocido de esa raza. Para revisar el estándar de una raza, el club nacional debe aceptar ciertas normas estableci-das por el American Kennel Club, proponer una revisión a sus miembros y esperar el voto afirmativo de ambos.

En el caso del Boxer, el American Boxer Club es la organización responsable. La revisión más reciente fue aprobada por el American Kennel Club el 14 de marzo de 1989. Muchos creen que es una versión más concisa, clara y correcta que el estándar anterior aprobado en septiembre de 1980.

Esta revisión se llevó a cabo

Los músculos bien desarrollados del Boxer son nítidos y duros, y aparecen lisos bajo la piel tersa. Ésta es Jacquet's Elsa of Phoenix, criada por el autor.

cuando el American Kennel Club empezó a exigir que todos los estándares de las razas se ajustasen a un formato y a unas normas uniformes. De este modo, quedaba estructurado el orden de los principales elementos del estándar. Además, la descripción de cada parte requería condensar y clarificar para eliminar palabras innecesarias y repetidas. Solamente se permitía anotar los defectos más graves.

Más recientemente, el American Kennel Club sugirió que el club nacional añadiese ilustracio-

Éste es Ch. Hi-Tech's Arbitrage, propiedad de Dr. y Mrs. William Truesdale.

Aunque es una práctica común en Alemania y en América recortar las orejas del Boxer, eso es ilegal en Inglaterra, Australia, Holanda y otros países de la Unión Europea.

nes para reforzar la comprensión del estándar. En consecuencia, en noviembre de 1991 el American Boxer Club aprobó una serie de dibujos de Eleanor Linderholm Wood, y editó un folleto del estándar con las ilustraciones correspondientes.

ESTÁNDAR DEL BOXER

Apariencia general. El Boxer ideal es un perro de tamaño mediano, de estructura cuadrada y buena complexión, con línea dorsal corta, miembros fuertes, y capa corta y muy ajustada. Sus músculos están bien desarrollados, son fuertes y aparecen lisos bajo la piel tirante. Sus movimientos denotan energía. La marcha es firme, aunque elástica, la zancada suelta y amplia, el porte orgulloso. Desarrollado para servir como perro guardián, de trabajo y de com-

La cabeza del Boxer debe estar en proporción con el cuerpo. El hocico ancho y romo es la característica distintiva. Éste es Kimyel Crossfire.

44

El Boxer combina fuerza y agilidad con elegancia y estilo. Éste es Ch. Jacquet's Greggson, criado por Rick Tomita y Ed Goldfield.

pañía, combina fuerza y agilidad con elegancia y estilo. Su expresión es atenta y vigilante y su temperamento estable y confiado.

La cabeza cincelada confiere al Boxer una estampa única. Debe estar correctamente proporcionada con respecto al cuerpo. El hoci-

45

co ancho y romo es la característica distintiva, y se otorga gran valor a que sea de forma apropiada y equilibrado con el cráneo.

Al juzgar al Boxer, se considera en primer lugar la apariencia general, a la cual contribuyen un color atractivo y un estilo impresionante. A continuación se aprecia el equilibrio general, dedicando especial atención a la cabeza, después de lo cual se examinan los componentes individuales del cuerpo en cuanto a su estructura correcta, y se evalúa la eficacia de la marcha.

Tamaño, proporción, complexión. *Altura:* Los machos adultos han de medir entre 57 y 63,5 centímetros; las hembras, entre 53 y 60 centímetros en la cruz. La FCI establece para los machos 57-63 centímetros y para las hembras 53-59 centímetros. Preferiblemente, los machos no deben estar por debajo del mínimo ni las hembras por encima del máximo. Sin embargo, el equilibrio correcto y la calidad individual deben ser de máxima importancia, dado que no hay descalificación por tamaño. *Proporción:* El cuerpo visto de perfil es de proporción cuadrada, y una línea horizontal desde la parte

Su carácter y su talante ejemplar, combinado con la arrugas de la frente, le proporciona a la cabeza del Boxer su singular expresividad. Propietarios: los Heldenbrands.

delantera del pecho a la proyección superior del muslo posterior debe ser igual a la longitud de una línea vertical que fuera desde la cruz hasta el suelo. **Complexión:** Robusta, con musculatura equilibrada. Los machos tienen huesos más grandes que las hembras.

Cabeza. La belleza de la cabeza depende de la proporción armónica entre el hocico y el cráneo. El hocico romo es un tercio de la longitud de la cabeza desde el occipital hasta la punta de la trufa, y dos tercios de la anchura del cráneo. La cabeza debe ser limpia, sin mostrar arrugas profundas. Las arrugas aparecen típicamente sobre la frente cuando las orejas están erguidas, y siempre hay pliegues presentes desde el borde inferior del stop que descienden hacia abajo en ambos lados del hocico. **Expresión:** Inteligente, alerta y vigilante. **Ojos:** De color marrón oscuro, ni demasiado pequeños, ni demasiado protuberantes ni demasiado hundidos. Su carácter y

su talante ejemplar, combinado con el fruncido de la frente, proporciona a la cabeza del Boxer su expresividad singular. *Orejas:* Implantadas en los puntos más altos de los lados del cráneo, aparecen dobladas y con un ligero pliegue. Presentan una ligera elevación cuando está alerta. Si se hacen recortar, se presentan bastante largas. *Cráneo:* La parte superior del cráneo está ligeramente arqueado, no redondeado, ni plano, ni exageradamente ancha, con el occipital no demasiado pronunciado. La frente muestra una ligera depresión entre los ojos y forma un stop claro con la parte superior del hocico. Las mejillas deben ser relativamente planas y no abultadas (abotagamiento), manteniendo las líneas nítidas del cráneo, y deben descender hacia el hocico con una ligera y elegante curva. *Hocico:* El hocico, proporcionalmente desarrollado en longitud, anchura y profundidad, tiene una forma influida en primer lugar por la formación de ambas mandíbulas, en segundo lugar por la colocación de los dientes, y en tercer lugar por la textura de los labios. La parte superior del hocico no debe estar inclinada hacia abajo (cara caída), ni

debe ser cóncava (cara de plato); sin embargo, la punta de la trufa debe quedar ligeramente más alta que la raíz del hocico. La trufa debe ser ancha y negra.

La mandíbula superior es ancha por la parte unida al cráneo y mantiene esta anchura excepto por un descenso muy ligero hacia adelante. Los labios, que completan la formación del hocico, deben encontrarse igualados delante. El labio superior es grueso y almohadillado, llenando el espacio frontal creado por la proyección de la mandíbula inferior, y lateralmente se apoya en los caninos de la mandíbula inferior. Por consiguiente, estos caninos deben estar bien separados y ser de buena longitud, de modo que la superficie frontal del hocico sea ancha y más o menos cuadrada y, en una visión lateral, muestre una moderada posición hacia atrás. El mentón debe ser perceptible tanto desde el lado como desde delante. *Mandíbulas:* La mandíbula inferior del Boxer sobresale de la superior y se curva ligeramente hacia arriba. Los dientes incisivos de la mandíbula inferior están en línea recta, con los caninos preferiblemente hacia arriba frente a la misma línea, para proporcionar a la mandíbula la mayor anchura posible. La fila superior de incisivos es ligeramente convexa con los incisivos de la esquina ajustando apretadamente detrás de los caninos inferiores de cada lado. **Defec-**

da. Ojos notablemente más claros que el color básico de la capa.

Cuello, línea superior, cuerpo. Cuello: Redondo, de buena longitud, musculado y limpio, sin excesiva piel colgante (papada). El cuello tiene una nuca claramente

Las patas anteriores del Boxer son paralelas entre sí. Las extremidades posteriores están fuertemente musculadas con angulación en equilibrio con la de las anteriores. Propietarios: Sam y Win Bitler.

tos: Cráneo demasiado ancho. Abotagamiento. Arrugas demasiado profundas o ausentes. Belfos excesivos. Hocico demasiado ligero para el cráneo. Mandíbula inferior demasiado prominente, dientes o lengua visibles con la boca cerra-

marcada, con un elegante arco que se prolonga ininterrumpidamente hacia la cruz. *Línea dorsal superior:* Lisa, firme y ligeramente descendente. *Cuerpo:* El pecho es de buena anchura, y la parte delantera está bien definida y es

49

visible desde el lado. El pecho es profundo, llegando hasta los codos; la profundidad del cuerpo en la parte inferior del pecho es igual a la mitad de la altura del perro en la cruz. Las costillas se extienden mucho hacia atrás, están bien arqueadas pero sin llegar a tener forma de barril. La línea dorsal es

cha. **Defectos:** Cuello corto y pesado. Pecho demasiado ancho, demasiado estrecho o colgante entre los hombros. Falta de pecho delantero. Estómago caído. Caja torácica plana. Riñones largos o estrechos, unión débil con la grupa. Caída de la grupa. Más altura detrás que delante.

En el Boxer los tonos de color de cervato varían de tostado claro a color caoba. Criador, Rick Tomita.

corta, recta y musculada, y conecta firmemente la cruz con las extremidades posteriores. Los riñones son cortos y musculados. La línea del estómago inferior está ligeramente arqueada hacia arriba, mezclándose hacia una elegante curva atrás. La grupa es ligeramente descendente, plana y an-

Extremidades anteriores. Los hombros son largos y oblicuos y bien pegados al cuerpo y no excesivamente cubiertos de músculo. El brazo superior es largo, haciendo ángulo recto con el omoplato. Los codos no deben presionar demasiado estrechamente el pecho ni destacar visiblemente del mis-

La capa atigrada está compuesta por rayas negras claramente definidas sobre un fondo de color de cervato. Criador, Rick Tomita.

mo. Las patas anteriores son largas, rectas y están firmemente musculadas y, vistas desde delante, son verticales y paralelas entre sí. El metacarpo es fuerte y marcado, ligeramente inclinado, pero se asienta casi perpendicular al suelo. Pueden extraerse los es-

polones. Los pies deben ser compactos, ni inclinados hacia dentro ni hacia fuera, con dedos bien arqueados. **Defectos:** Hombros caídos o cargados. Codos arqueados o demasiado pegados al tórax.

Extremidades posteriores. Están fuertemente musculadas con angulación en equilibrio con la de las extremidades anteriores. Los muslos son anchos y curvados, y la musculatura de los glúteos es dura y fuertemente desarrollada. El muslo superior y el inferior son largos. La pata bien angulada en la babilla con una articulación del corvejón claramente definida y bien baja. Vistas desde atrás, las patas posteriores deben ser rectas con articulaciones del corvejón no inclinadas hacia dentro ni hacia fuera. Desde el lado, la pata debajo del corvejón (metatarso) debe quedar casi perpendicular al suelo, siendo permisible una ligera inclinación hacia atrás. El metatarso debe ser corto, nítido y fuerte. El Boxer no tiene espolones posterio-

Los Boxers blancos o con marcas blancas que excedan de un tercio de la capa son descalificados.

res. **Defectos:** Extremidades posteriores rectas o demasiado anguladas. Muslos ligeros o glúteos subdesarrollados. Corvejones demasiado angulados (en forma de hoz). Extremidades posteriores demasiado hacia adelante o demasiado hacia atrás.

Capa. Corta, brillante, lisa y compacta con el cuerpo.

El Boxer responde prontamente a los acercamientos amistosos, tales como un abrazo de un amigo. Éste es Andrew De Prisco con un Boxer criado por el autor.

el color básico marrón/fuego, aunque se vislumbra claramente (lo cual puede dar la apariencia de «atigrado invertido»). Las marcas blancas deben estar distribuidas de tal manera que refuercen la apariencia del perro, pero no pueden exceder un tercio de toda la capa. No son deseables en los riñones ni en el dorso propiamente

Color. Los colores admitidos son el leonado y el atigrado. Los matices del primero varían de tostado claro a color caoba. El atigrado va de las franjas esparcidas netamente negras sobre un fondo color de marrón/fuego a una concentración de manchas negras de tal intensidad que apenas aparece

dicho. En la cara, el blanco puede reemplazar parte de la máscara negra de todos modos esencial, y puede extenderse en una franja hacia arriba entre los ojos, aunque no debe ser excesivo, pues alteraría la verdadera expresión del Boxer. **Defectos:** Marcas blancas carentes de atractivo o mal situa-

La proporción adecuada entre las partes de la cabeza, junto con el color correcto de los ojos, su forma y colocación, y el estado de alerta, crean la verdadera expresión del Boxer. Propiedad de Siegi Lehman.

das. **Descalificaciones:** Boxers de cualquier otro color que no sean los citados. Boxers con un total de

Los Boxers no deben mostrar los dientes ni la lengua cuando la boca esté cerrada. Boxer criado por el autor.

teriores no contribuyen al impulso, deben proporcionar un «alcance» adecuado para evitar cualquier interferencia, superposición o desplazamiento lateral (derrapaje oblicuo). Vista desde delante, los hombros deben permanecer en orden y los codos no han de abrirse. Las patas están paralelas hasta que la marcha estrecha la huella en pro-

marcas blancas que excedan de un tercio de toda la capa.

Marcha. Vista lateralmente, la correcta angulación anterior y posterior se manifiesta en una zancada suavemente eficiente, nivelada por atrás, que cubre el terreno con un poderoso impulso procedente de las extremidades posteriores. Aunque las patas an-

porción a la velocidad creciente, entonces las patas se colocan bajo el cuerpo pero nunca se cruzan. La línea que baja del hombro a la pata debe permanecer recta aunque no necesariamente perpendicular al suelo. Vista desde atrás, la grupa de un Boxer no debe propulsar. Los pies posteriores deben «clavarse» y seguir la huella marcada por los anteriores. De nuevo, a medida que aumente la velocidad, se irá estrechando la huella posterior normalmente ancha. **Defectos:** Marcha ampulosa o ineficaz. Falta de fluidez.

Carácter y temperamento. Son de primordial importancia en

guetón, aunque paciente y estoico con los niños. Cauteloso y precavido con los extraños, mostrará curiosidad pero también, lo que es más importante, valor intrépido si es amenazado. Sin embargo, responde prontamente a las aproximaciones amistosas si son since-

El cuello debe ser de longitud amplia, musculado y elegantemente arqueado. Está especialmente musculado y tiene un porte atento. Éste es Walkon Wotta Smasha de Walkon Boxers, Escocia.

el Boxer. Instintivamente un perro guardián «oye», y a continuación se pone alerta, con dignidad y seguridad. En el ring de exposición su comportamiento debe exhibir una animación restringida. Con la familia y los amigos, su temperamento es fundamentalmente ju-

ras. Su inteligencia, afecto fiel y docilidad a la disciplina hacen de él un compañero altamente deseable. **Defectos:** Falta de dignidad y viveza. Timidez.

DESCALIFICACIONES
Boxers de cualquier color que no

Con respecto a las extremidades anteriores del Boxer, son deseables huesos fuertes y pies compactos. Éste es AmCan Ch. Fiero's Tally Ho Tailo, criado por Ingrid Feder, y en copropiedad con Dr. y Mrs. Truesdale.

sea el color de cervato o el moteado. Boxers con un total de marcas blancas que exceda una tercera parte de toda la capa.

57

INTERPRETACIÓN DEL ESTÁNDAR

por Drs. Daniel y Jean Buchwald

Tal como se ha indicado anteriormente, el estándar de la raza describe al ejemplar ideal de la misma. Sin embargo, dado que ningún perro es perfecto, lo importante es la comprensión amplia y la comparación constante de cada perro con el ideal. Es un proceso educativo que, en última instancia, proporcionará un sólido fundamento para conocimientos adicionales sobre la raza adquiridos con el paso de los años.

Inicialmente, una persona sin conocimientos previos sobre el Boxer debe leer detalladamente el estándar para hacerse una idea general de lo que ha de buscar en el perro que desea adquirir. Aunque todavía será necesario confiar en los conocimientos más extensos de un criador experto, sabrá al menos lo que no es correcto en un perro determinado.

Antes de pasar a un análisis general del estándar del Boxer, hay cuatro conceptos aplicables a todos los perros:

1. TIPO. Se define como tipo el grupo de características que debe tener un perro para ser un representante de su raza. Estas características figuran normalmente en la sección de Apariencia General del estándar.

2. ESTILO. El estilo hace refe-

El color atigrado consiste generalmente en rayas negras estriadas claramente en forma de espina de pescado sobre el fondo de color marrón.

Las marcas blancas, aunque no son esenciales, se aceptan siempre que refuercen la apariencia del Boxer y no excedan de un tercio de la capa. Propietaria: Carol Beusee.

rencia a la elegancia y el porte del perro. Un perro con estilo posee esos sutiles detalles extra que le confieren un aire noble.

3. SANIDAD. Un perro sano es aquel correctamente formado con mente y cuerpo saludables. En una raza de trabajo, un perro sano es el que se adapta física y mentalmente a la realización de la tarea para la cual se le ha criado, igual que un atleta preparado para competir.

4. CALIDAD. La calidad es la

suma de las características estructurales deseadas que posee un perro. Cuanto más cerca esté un perro del ejemplar ideal, más alta será su calidad.

APARIENCIA GENERAL

El estándar exige un animal construido en cuadro. Un perro cuadrado ha de tener buena longitud de patas y riñones cortos. Esta proporción cuadrada produce una mejor apariencia general y un movimiento más eficiente.

COMPLEXIÓN

El estándar diferencia los aspectos de masculinidad y feminidad. Son las características que proporcionan un aspecto masculino al macho y un aspecto femenino a la hembra. Se espera que el Boxer ofrezca una clara diferenciación sexual. Por tanto, la hembra debe ser algo más pequeña y más ligera que el macho.

CABEZA

Dado que la cabeza cincelada confiere al Boxer una estampa única, se debe prestar especial atención a sus requisitos.

La proporción del hocico con el cráneo es probablemente su característica más distintiva. Un hocico fuerte, profundo y amplio es el resultado deseado de unas mandíbulas bien formadas con dientes situados correctamente y labios bien almohadillados.

La relación entre la estructura de la mandíbula superior y la inferior produce una mandíbula inferior sobresaliente, o sea los incisivos inferiores están colocados delante de los superiores.

Los Boxers no deben mostrar los dientes ni la lengua cuando tengan la boca cerrada. Si sucediera eso, no sólo sería incorrecta en cierto modo la mordedura, por sobresalir demasiado la mandíbula inferior, sino también se arruinaría la expresión deseada.

La proporción correcta entre las partes de la cabeza, junto con el color adecuado de los ojos, forma y situación, así como la viveza, crean la verdadera expresión del Boxer. Como principio general, las cabezas irregulares no producen expresiones correctas. Si la expresión falla, alguna cosa falla en la cabeza.

CUELLO

El cuello deseado es de longitud amplia, musculado y elegante-

Los Boxers son juguetones aunque pacientes con los niños. Éste es Adam Koester con Seneca.

mente arqueado. Esta característica queda especialmente reforzada con su porte atento y vigilante.

CUERPO

Cuadrado con un dorso corto, recto y musculado, que conecta firmemente la parte anterior con la posterior.

ANGULACIÓN DELANTERA

La colocación adecuada de la escápula y del húmero está directamente relacionada con el arqueo de las costillas. Estos huesos influyen sobre éstas de tal manera que las costillas planas tienden a causar una angulación más aguda. Las costillas demasiado redondeadas o en forma de barril limitarán el movimiento frontal y separarán las patas delanteras, con una apariencia tipo bulldog.

La buena angulación delantera afecta a varios aspectos importantes del perro. Proporciona una inserción suave del cuello, evidencia una buena proyección delantera del pecho y permite que los codos estén nivelados con un pecho de

61

buena profundidad, lo cual evita que los codos se inclinen bajo el cuerpo del perro. La angulación correcta proporciona también un buen alcance para las extremidades anteriores. Los perros que pueden dar zancadas más largas cubren más terreno con menos esfuerzo que los que dan zancadas más limitadas.

También es deseable que el Boxer tenga huesos fuertes y pies compactos.

EXTREMIDADES POSTERIORES

La angulación posterior debe ser igual que la anterior o muy próxima a ella. Una parte anterior equilibrada con la posterior es la clave de un movimiento correcto.

MARCHA

La marcha está estrechamente relacionada con la angulación. La eficacia de la marcha es consecuencia de unas zancadas amplias y bien coordinadas. Si la angulación anterior y la posterior están desequilibradas entre sí, se pierde la coordinación suave.

COLOR

El color de la capa del Boxer refuerza su belleza general. Se acep-

ta tanto el color leonado como el atigrado. La máscara negra es preceptiva en el Boxer. Cubre el hocico y se mezcla gradualmente con el color básico a medida que alcanza el borde de la transición hocico/cráneo. Siempre están presentes sombreados más oscuros alrededor de los ojos. Las marcas blancas en la cara, cuando éstas están presentes, cubren naturalmente la máscara negra hasta cierto punto.

Las marcas blancas, aunque no son esenciales, son habitualmente bienvenidas siempre que refuercen la apariencia del perro.

No deben exceder un tercio de toda la capa y no son deseables en los flancos ni en el dorso.

CARÁCTER Y TEMPERAMENTO

Son de importancia primordial en el Boxer. Los Boxers deben ser vivaces, dignos y con porte que refleje seguridad en sí mismos, con algo de animación controlada en los rings de exposición. Sin embargo, con la familia y los amigos son fundamentalmente juguetones, aunque pacientes con los niños. Exhiben una auténtica alegría vital, inigualada por la mayoría de las razas.

EL PAPEL del Boxer de hoy

El temperamento tranquilo y firme y la personalidad sociable del Boxer son ideales para tareas de terapia. La raza tiene una capacidad rayana en lo sobrenatural para adaptarse a casi cualquier situación. Son capaces de percibir las necesidades de cada individuo con el que se ponen en contacto y modificar consecuentemente su comportamiento. El perro puede estar jugando enérgicamente con un muchacho alborotado, y al minuto siguiente puede estar tranquilamente sentado mientras le acaricia un anciano desde su silla de ruedas.

Sin embargo, los interesados en tareas de terapia deben entender que en un programa de esta índole hay algo más que los instintos innatos del Boxer. Aunque son candidatos ideales, hay que contar con cierto grado de adiestramiento. Dependiendo de la madurez y autoconfianza de un cachorro mayor, de 9 a 12 meses de edad, se le puede introducir en el medio terapéutico. Puede incluir pabellones de hospitales, situaciones de discapacidad, clases es-

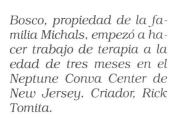

Bosco, propiedad de la familia Michals, empezó a hacer trabajo de terapia a la edad de tres meses en el Neptune Conva Center de New Jersey. Criador, Rick Tomita.

peciales de educación, así como residencias para la tercera edad. La situación ideal es actuar al lado de un perro mayor y más experto para ayudar en el adiestramiento. En todos los casos, el propietario/cuidador necesita observar de cerca al adiestrado para controlar el comportamiento y las reacciones ante una variedad de

pietario/cuidador disfruta la satisfacción de contribuir a la comunidad, además de una relación de trabajo más estrecha con su dueño. Los perros desarrollan relaciones únicas con las personas con las que tratan, al mismo tiempo que maduran en su capacidad emocional y mental, y también actúan como embajadores de buena

Casey, con su adiestradora/cuidadora Lea Bowling, al concluir su clase de Seeing Eye™.

estímulos, así como la seguridad. Algunas instituciones exigen que el perro posea un certificado como especialista en terapia antes de permitir su entrada al centro, mientras que otras autorizan la participación de adiestrados más jóvenes.

Se derivan numerosos beneficios de la participación del perro en actividades de terapia. El pro-

voluntad para la raza. Y quizá lo mejor de todo sean las reacciones de las personas visitadas. Tal vez sea su única oportunidad de interactuar con otros seres vivos, especialmente con uno que ofrezca amistad incondicional independientemente de las circunstancias.

La organización Therapy Dogs International utiliza el test del

Bosco y Spiros Michals visitan a un residente. Los propietarios de perros de terapia obtienen una sensación de satisfacción al ejercer una labor en pro de la comunidad, así como al estrechar lazos con sus perros.

Buen Ciudadano Canino, junto con una exposición ante un equipo especializado para calificar a los perros con vistas al certificado. Superan la prueba aquellos que muestran un temperamento bueno y estable, y un grado correcto de respuesta ante las órdenes amablemente impartidas.

Hasta la fecha, hay aproximadamente 100 Boxers registrados por Therapy Dogs International en Estados Unidos y Canadá. En Europa no existe este tipo de organización, pero sí se está empezando a implantar el programa del Buen Ciudadano Canino. En Inglaterra está patrocinado por el Kennel Club; en España por la Real Sociedad Canina de Cataluña.

PERROS GUÍA

El perro pastor alemán fue la primera raza en ser adiestrada como perro guía para ciegos y continúa cumpliendo admirablemente en esa misión. Sin embargo, también los Boxers pueden actuar como perros guías de modo fiel y fiable. Son perros amistosos con

Bosco espera en la parte superior de una escalera con barandilla, que sirve para ayudar a subir y bajar bien las escaleras a las personas mayores.

pequeña estructura, pero muy esforzados.

Una persona que sólo utiliza Boxers dice: «Están orgullosos de su trabajo. Viajan bien y no tienen miedo de nada. Están dispuestos a complacer con el arnés puesto, aunque son juguetones cuando no trabajan. Son cumplidores y están atentos a todo.»

Los Boxers de Seeing Eye™ pasan por el mismo adiestramiento que cualquier otra raza. Empiezan de cachorros en hogares voluntarios donde aprenden la obediencia básica y se les expone a diversas situaciones que pueden presentarse en su futuro trabajo. Cuando el cachorro tiene unos 14 meses vuelve a la organización Seeing Eye™ para iniciar su adiestramiento formal en la tarea de guía. Durante tres meses se le enseña a guiar progresivamente por rutas más difíciles y a circular entre un tráfico intenso de vehículos y de peatones. Después de completar satisfactoriamente la etapa de adiestramiento, se asigna el perro a una persona determinada. Entonces el nuevo equipo realiza un adiestramiento adicional de tres a cuatro semanas bajo la supervisión y vigilancia de un instructor.

Desde sus inicios en 1929, la Fundación Seeing Eye™ ha preparado a más de 10.000 perros guías, especialmente criados y adiestrados para colaborar con personas en los Estados Unidos y Canadá.

SELECCIÓN de un cachorro de Boxer

¿**M**acho o hembra? Una hembra es más pequeña que un macho, si tiene que considerar el factor espacio. ¿Vive usted en un piso, un chalet, una casa pequeña? Si no es una persona alta ni fuerte, le será más fácil manejar a una perra con correa y collar. Es poco probable que una perra vagabundee o se extravíe fuera de casa; sin embargo, cuando esté en celo y habiendo criado antes, puede escaparse en busca de un macho.

He comprobado que es más fácil enseñar hábitos higiénicos a una hembra que a un macho, ya que no es probable que marque el interior de su casa. Sin embargo, marcará en el exterior, incluso levantando la pata de modo similar al macho, especialmente si es una hembra alfa o cuando esté en celo. A menos que usted designe un lugar para ella en su jardín o que utilice un viejo corral, su perra puede arruinar un bonito césped. Los machos, a su vez, levantan la pata, empezando generalmente a los nueve meses, y pueden orinar sobre valiosos macizos de plantas y flores, abrasándolos, o estropear muebles y alfombras en el interior de la casa. Es bastante fácil ense-

Dos Boxers disfrutarán jugando entre sí, ¡y también usted puede participar en la diversión! Propietarios: Steven y Ann Anderson.

ñar a su Boxer a aliviarse en determinados lugares si se empieza a una edad temprana. Lleve al cachorro al lugar, quizá detrás de un cobertizo, o detrás de árboles o arbustos, donde la hierba no sea tan importante o los macizos ornamentales no sean tan valiosos. Yo utilizo periódicos manchados que tengan el olor de la orina o de los excrementos del cachorro, y los pongo en el lugar elegido sujetándolos con unas piedras. Habitualmente los cachorros y los perros olfatean primero, pareciendo buscar un sitio donde otro perro haya orinado y defecado. Durante la enseñanza de los hábitos higiénicos observe como el cachorro va generalmente al mismo lugar donde evacuó anteriormente o donde ha ido un predecesor.

Hay diversos productos de buena calidad para eliminar olores. Me gustan especialmente los enzimáticos. Suelen ser más seguros y

Es preciso enseñar desde temprana edad a los cachorros de Boxer, independientemente de su sexo, dónde han de aliviarse solos, para que no estropeen sus plantas o flores ornamentales. Propiedad de Les Baker.

Una camada de Boxers de siete semanas de edad, criados por Laura Miller de Artistry Boxers.

eliminan realmente los olores. Hay pulverizadores que estimulan el aroma de la hierba y obstruyen la percepción de otros olores cuando el perro olfatea, alejándole así de la zona impregnada. En la naturaleza los lobos, los zorros y los pe-

rros salvajes evitarán las áreas donde crezca esta hierba. Tal como sabemos, el sentido del olfato es el más agudo en un cánido.

Volviendo a la perra, el costo de esterilizarla es más elevado que el de la castración de un macho. En las exposiciones caninas, he comprobado que la competición de perras es más dura, ya que hay más hembras buenas que machos buenos. Sin embargo, la mayoría de los criadores tienden a desear aferrarse a sus mejores hembras para continuar su estirpe, por lo cual una perra de buena calidad es más cara y más difícil de encontrar que un macho de buena calidad.

Seguramente un buen criador le dirá que es mejor adquirir un cachorro hembra que un macho, de cara a participar en exposiciones. Si el cachorro no prospera en una exposición canina importante, un macho acabará siendo me-

Los Boxers machos tienden a llevarse bien con los miembros caninos del mismo sexo. Éste es Logan con su compañero Dogo argentino, Hunter. Propiedad de Janine Thorpe.

ramente una buena mascota, y frecuentemente no será adecuado para criar. Sin embargo, si una perra no obtiene premios, pero posee un buen pedigree sin defectos notorios, siempre puede aparearla con un macho campeón y quizá consiga su propio futuro perro de exposición. Además, la mayoría de criadores responsables no utilizará como reproductor a un macho sin títulos a menos que tenga atributos considerables que ofrecer.

Si decide adquirir un Boxer hembra, debe pensar en esterilizarla... o bien aceptar la gran responsabilidad de tener una camada.

Otro factor a considerar en la selección en cuanto al sexo es si tiene ya otro perro. He comprobado que un macho y una hembra raramente se pelean. Quizá puedan tener riñas o disputas cortas, pero no la pelea básica a muerte en las que pueden involucrarse algunas perras. No sabemos con total seguridad qué es lo que desencadena este comportamiento, pero con mucha frecuencia la segunda perra en la jerarquía decide que desea la posición alfa. A menos que usted ejerza un control completo y sea también un alfa, es un problema difícil de resolver. Sin embargo, he visto y he vivido junto a dos o incluso tres perras coexistiendo toda su vida con sólo disputas menores.

Es muy difícil mantener separados a un macho y una hembra cuando ésta entra en celo, a menos que se les aloje en zonas diferentes de la casa con puertas fuertes y cerradas. Los niños encuentran especiales dificultades para mantener cerradas las puertas. Una buena solución es utilizar una jaula para perro. Sin una planificación y un control cuidadosos, es virtualmente imposible mantenerlos separados durante el

El autor, Richard Tomita, con dos de sus cachorros de Boxer. Los buenos criadores le ayudarán contestando sus preguntas cuando decida adquirir un cachorro.

ciclo de celo. Los perros son tan instintivos que incluso los machos y las hembras que no han criado nunca se aparearán. Otra solución durante el ciclo de celo es trasladar temporalmente a uno de sus perros a una residencia canina buena y segura o con su criador original. Tenga en cuenta también el sexo del perro de su vecino, especialmente si tiene acceso a su propiedad, así como el de cualquier perro que visite frecuentemente su casa.

Si su casa y su patio tienen bastante espacio, aconsejo siempre al nuevo propietario que no se limite a tener un solo perro. Adquiera dos, preferiblemente un macho y una hembra o dos hembras. Generalmente es mejor llevarse en primer lugar un solo cachorro a casa y, cuando esté bien adiestrado e instalado, comprar el segundo. Es bonito que puedan jugar entre sí, ejercitarse y desfogar su abundancia de energía. En consecuencia, suelen ser más tranquilos y son mejores masco-

73

tas en el hogar. Creo que este sistema es particularmente útil para mantener en óptima condición al Boxer de exposición. Los Boxers practican un juego exclusivo de ellos. Retozan, giran y luchan utilizando músculos que no se emplean habitualmente. Pueden estar tumbados, jugando con el cuello estirado y la boca abierta fingiendo que muerden, una especie de torneo mientras emiten un sonido arrullador como si hablasen entre ellos. Puedo pasarme horas viendo estas travesuras.

Los machos son más grandes, con huesos mayores. Sin embargo, muchas personas creen que un macho grande es menos manejable, pero si le adiestra correctamente mientras es joven y durante su desarrollo, responderá bien y usted tendrá un control completo.

Se considera que, en la mayoría de razas de perros, las hembras son más dóciles y cariñosas con sus propietarios y familia. Se cree también que las perras son más mansas con los niños. He comprobado, y muchos dueños de Boxers coincidirán conmigo, que los machos son igualmente dóciles con sus dueños, mansos

con los niños y cariñosos con todos los miembros de su familia. He comprobado también que los machos son un poco más fieles y menos veleidosos. Creo que su afecto es un sentimiento más caluroso. Hasta que no tenga un macho no comprenderá estas sutilezas. Generalmente tengo dos o tres Boxers viviendo en casa, un macho y dos hembras. Mi patio está vallado y los perros tienen acceso a través de la puerta de la cocina. Cuando quieren salir, corren hacia la puerta trasera. Tuve un macho que observó cómo yo abría la puerta girando el pestillo y luego la contrapuerta, que era del tipo de cerrojo. Aprendió a abrir las dos para salir y dejar salir a las hembras para aliviarse. Posteriormente llegó a abrir las puertas y a sujetarlas para las perras. Una vez, antes de que yo cerrara con candado la puerta trasera que da al camino particular, oí que golpeaban la puerta trasera y unos ladridos incesantes. Era mi macho. Busqué a las perras, y no estaban en el patio. Le pregunté a él dónde habían ido, usando sus nombres. Corrió hacia la puerta abierta para enseñarme por dónde habían escapado, sin que él salie-

Al escoger el sexo de un nuevo cachorro, hay que tener en cuenta a los niños. Aunque se considera que las hembras son más cariñosas con los niños, los Boxers machos pueden ser tan dóciles y amables como ellas.

ra corriendo. Por supuesto, le alabé y le abracé y salí a buscar a las perras. Esto me hizo querer a este perro aún más. Ninguno de los machos que he tenido se ha escapado, mientras que todas las hembras lo han hecho en un momento y otro.

SEPARACIÓN DE UN MACHO Y DE UNA HEMBRA

Tener un macho y una hembra implica una responsabilidad para el propietario durante el periodo de celo de la perra, a menos que su plan sea que críen.

Debe tomar precauciones para mantenerlos separados durante este periodo. Generalmente hay seguridad durante los cinco a siete primeros días, aunque algunas de las perras son tan limpias que no se puede detectar el principio de su ciclo. Suelo recomendar a los dueños de perras que vigilen cualquier hinchazón o un exceso de limpieza/lamido del área vaginal. Cuando vean esta actitud, deben tocar suavemente la vulva cada día con un paño blanco o una toallita de papel, en busca de un color rojizo. Empiece a contar desde el primer día que observe la coloración.

Sepárelos a partir del séptimo día. Aunque he visto perras que llegan a su ovulación en el séptimo, octavo y noveno día, esto ocurre generalmente entre sus días 12 y 15. Una perra no debe criar a una edad demasiado joven. Algunos machos de Boxer son preco-

Aunque quizá parezca una época perfecta, no lleve un cachorro de Boxer a casa durante las fiestas, especialmente las de Navidad. Elija un periodo del año menos agitado.

Los niños deben participar siempre en la selección de un nuevo cachorro. Jessica Starr y Michael Harms han hecho su elección.

ces y pueden aparearse a partir de los seis meses. El que sean fértiles es otro asunto. Hay muchos informes de machos de Boxer que han sido fértiles desde los ocho meses.

La gente me dice: «¡Oh, les vigilamos!», pero a menudo, cuando los dueños están distraídos, aunque sea un momento, puede producirse un accidente de este tipo. Recuerdo el caso de un criador amigo que alojó al macho y a la hembra en jaulas próximas y que me dijo que era absolutamente imposible que se juntaran. Sin embargo, la perra quedó preñada y parió cinco hermosos cachorros de Boxer 63 días después de que se colocasen las jaulas contiguas. Más recientemente, una joven pareja me pidió que examinase a su perra que había tenido una camada hacía diez meses y estaba preñada de nuevo. ¿Podía ser posible?

Les pregunté dónde guardaban al cachorro macho que también vive con ellos. Estaban separados durante el día cuando ellos no podían vigilar, pero por la noche ambos dormían con ellos en la cama. Además, el cachorro no pudo aparearse con su madre. Realmente lo habrían sabido si algo hubiera sucedido en su cama. Les pregunté qué sucede cuando se levantan de la cama por la noche. Si sospecha que se ha producido un apareamiento indeseado, recomiendo que se visite al veterinario. Estos apareamientos erróneos pueden ser arriesgados, y algunas veces causan infecciones en el útero, inclu-

so piómetra. Sin embargo, actualmente hay antibióticos excelentes que pueden aliviar estos problemas. Hay demasiados cachorros no deseados en el mundo, muriendo en las casas. ¿Por qué traer más al mundo?

ANTES DE COMPRAR

No lleve un cachorro a casa durante las fiestas, especialmente las de Navidad. No compre un cachorro como sorpresa para su cónyuge. Recuerde que el ama de casa generalmente acaba cuidando al cachorro, y probablemente no necesita ese trabajo extra o esa responsabilidad. El marido suele

Los cachorros de Boxer mascarán, especialmente entre los seis y los doce meses de edad. Ponga lejos de su alcance todas las cosas que no desee que masquen ni que jueguen con ellas.

tener cierto tipo de cachorro o de perro en mente, y no puede escoger ese perro por él. No espere que sus niños, que han prometido que cuidarían del animal, cumplan su promesa a largo plazo. Recuerdo un caso en que me visitó un padre, con dos niños muy simpáticos, insistiendo en que la mamá estaría absolutamente encantada con un cachorro de Boxer como regalo de cumpleaños. Después de mucha insistencia, compraron el cachorro y se fueron a casa. Dos horas más tarde regresaron todos ellos. Les habían echado de casa. La mamá no había apreciado su sorpresa.

No lleve un cachorro a su casa mientras se esté trasladando o inmediatamente después de un traslado, cuando aún está arreglando el nuevo hogar y acostumbrándose a él. Prepare su casa para el cachorro del mismo modo que si tuviese que llegar un nuevo bebé. Usted y su nuevo cachorro no necesitan tensión extra.

No compre un cachorro si se espera un nuevo bebé. Se necesita tiempo y cuidados, al menos un año, para poder llevar correctamente el cachorro a casa. La llegada de un nuevo bebé humano

El primer baño. Haga agradables todas las primeras experiencias de su nuevo cachorro de Boxer. Propiedad de Patti Ann Rutledge.

constituye una gran responsabilidad.

No lleve un cachorro a casa cuando haya hecho planes para un viaje o unas vacaciones largas. Un cachorro joven no se adapta bien en la mayoría de las residencias caninas comerciales de alquiler. Los cachorros necesitan tres comidas diarias, así como el cuidado semanal de las orejas. Eso interrumpiría, además, el proceso de estrechamiento de lazos. Por otra parte, la inmunización no se ha completado todavía, por regla

79

general, y exponerle a estar en una perrera, donde hay muchos perros, puede ser peligroso para la salud del cachorro. Muchos criadores responsables no le venderán un cachorro si saben que va a suceder algo de esto. Le dirán que espere. También es posible que lleguen a un acuerdo con usted para quedarse con el cachorro hasta su regreso o que le cobren unos honorarios por alojamiento durante los días que dure su viaje. Volver con el criador puede ser como visitar a los abuelos. Siempre me sorprende cómo recuerda un cachorro de Boxer al criador, después de haberse ido, y de haber transcurrido incluso varios años. ¡Cuántas fiestas efusivas hacen! ¡Qué feliz salutación!

Los perros salvajes, en sus hábitats naturales, prueban, muerden y mascan mientras están creciendo. Los perros jóvenes son siempre curiosos y les encanta aprender. Ésa es una de las razones por las que mascan, especialmente entre los 6 y los 12 meses de edad, cuando experimentan sus cambios hormonales y maduran sexualmente. Hacen lo que la naturaleza les dicta. No es que sean malos. Procure ser más compren-

La criadora australiana Rosina Olifent-Brace, de Sjecoin Kennels, con dos cachorros de Boxer de ocho semanas en brazos.

sivo y paciente durante esa época. Ponga fuera de su alcance las cosas que no quiera que estropeen, o utilice repelentes, aplicados sobre lo que no desea que masquen. Utilice un pulverizador que disuada al cachorro de acercarse a la zona que usted desea mantener tabú, como su sofá o su alfombra oriental.

Cuando no pueda atender a su cachorro, póngale en una jaula del mismo modo que haría con un niño en un corralito, con juguetes para mascar, tales como Roar-Hide™ o Nylabone®. Manténgale alejado de peligros, y con sus bienes valiosos a salvo. Tener que castigar constantemente a su cachorro puede tener un efecto negativo sobre él, así como sobre usted. Utilice la ayuda de los elementos citados desde el primer momento en que llegue a su casa el cachorro, especialmente la jaula.

Como primer collar, no empiece con un collar de castigo, pues puede ser una experiencia que le asustaría. Use un collar de hebilla. Ini-

cialmente, póngaselo durante un rato corto y luego vaya dejándolo cada vez más tiempo a medida que crezca. Yo utilizo un collar de poco peso con un perno pequeño. El cachorro se rascará, porque es una sensación nueva en su cuello. Algunas veces, mientras pasean, se rascan con una pata trasera y dan un «paso de cangrejo», tal como describió una nueva dueña. Ella insistía en que le vendí un perro defectuoso con un problema en sus extremidades posteriores y pedía que le devolviese su dinero. Su veterinario también creía que había un problema y se decidió hacer un examen con rayos X. Por supuesto, no encontraron nada en ese examen y, cuando el cachorro

se acostumbró al collar, cesó en la acción citada.

SELECCIÓN DE UN CACHORRO DE BOXER

Una vez se ha decidido sobre la raza, el sexo y el momento adecuado, ha de iniciar el concienzudo proceso de hallar y seleccionar al cachorro.

Al buscar y seleccionar al cachorro, tenga presentes estos criterios: gran temperamento, buena estructura y firmeza (un equilibrio agradable de ambas combinado con una cabeza típica, robustez, buena salud y, por supuesto, buen pedigree).

Busque anuncios o fotografías en las diversas publicaciones y re-

Cuando busque un cachorro de Boxer, debe observar la interacción de los compañeros de camada entre sí. Propietarios: Hope y Barry Blazer.

Los cachorros aprenden de su madre y de sus hermanos de camada, y deben permanecer con ellos hasta las ocho semanas de edad al menos.

vistas especializadas, tanto específicas como las dedicadas a múltiples razas. En ellas figurarán seguramente los criadores de su zona. Luego visite los locales donde han nacido y se han criado los cachorros para estudiar su influencia, sus padres y sus abuelos, si es posible. Siempre he sostenido que el cachorro que usted elige refleja estructural y temperamentalmente a sus abuelos.

Otra buena fuente de información es el veterinario. Seguramente entre sus clientes debe haber un criador o varios. Además, el veterinario suele tener una lista de criadores competentes y expertos de su zona. Sus amigos o conocidos que tengan Boxers, pueden darle referencias del criador que se los vendió; pero sólo si su perro es realmente bueno. Busque la máxima calidad posible –el más sano y saludable y con mejor personalidad–. Cuando haya localizado al criador adecuado, concierte una visita para evaluar a los cachorros. Fíjese en cuál es activo; cuál es tranquilo; cuál está más orientado hacia las personas; y, finalmente, cuál conecta con usted. Presumiblemente el cachorro pasará toda su vida junto a usted, por tanto escoja el temperamento más compatible con su personalidad y estilo de vida. Como en todas las relaciones, la compatibilidad es necesaria para establecer unos fuertes lazos afectivos.

Busque una estructura muy específica. Empiece por el equilibrio general, y luego examine la cabeza. Los Boxers son una «raza de cabeza». La impresión general debe ser agradable a su vista. El hocico debe ser ancho y tener profundidad. Una protuberancia sobre su trufa es una buena señal así como previsión de un buen stop. Un occipital alto asegura una colocación alta de las orejas, proporcionando el aspecto de alerta. Me gusta ver algunas arrugas, una cantidad razonable, pues algunas desaparecen cuando crece la cabeza. Evito un exceso de arrugas, que pueden causar un aspecto desmañado y no son deseables. Siguiendo el examen del cachorro, tire hacia atrás las orejas con la palma de las manos, y observe si la cabeza parece la de un conejito con mejillas gordas. Esto me lo enseñó Gerald Broadt, un conocido cuidador, criador y juez. Los cachorros con ese aspecto de conejito acaban teniendo las mejores cabezas cuando llegan a adultos, con hocico ancho, mejillas bien proporcionadas y cráneo estrecho.

También son deseables una línea dorsal recta y una inserción alta de la cola, junto con extremidades posteriores bien anguladas, un dorso corto y hombros en descenso. Si planifica exhibir el color intenso leonado o el atigrado, es preferible una cabeza bien pigmentada bajando hacia el dorso. Las marcas blancas en las patas y en el pecho con una mancha blanca entre los ojos son atractivas para los jueces. Los cuellos blancos, a medias o completos, son cuestión de gustos. Prefiero un cuello de color liso que, en mi opinión, le da un aspecto más alargado.

En cuanto a la mordedura, me gusta ver la mandíbula inferior tan ancha como sea posible. Esto

Es difícil resistirse a un adorable cachorro de Boxer.

indica generalmente una mandíbula inferior bonita, recta y ancha cuando aparecen los dientes de adulto. También me gusta ver a la mandíbula inferior tan cerca de la fila superior de dientes como sea posible, aunque todavía debe ser sobresaliente. He comprobado que cuando sale la segunda serie de dientes, la mandíbula inferior se adelanta. No se debe ver la lengua con la boca cerrada.

Los ojos deben ser tan oscuros como sea posible. Los cachorros tienen ojos azulados que se oscurecen con la edad. He visto frecuentemente el caso de cachorros con ojos claros en los que sucede eso. Es preferible la membrana nictitante oscura, la tercera membrana que añade una expresión agradable. Sin embargo, nunca rechazo a un cachorro que tenga una o ambas membranas blancas. Es una preocupación mínima con respecto a la calidad general del cachorro. Hay otros aspectos físicos, tales como extremidades posteriores deficientes, línea dorsal curvada, pies defectuosos, mal temperamento, etc., que son más serios e indeseables. Me gusta ver un hocico negro, no marrón. Aun cuando haya marcas blancas en la cabeza, el negro del hocico debe estar enmarcado alrededor del blanco. No me gusta ver el blanco extendido sobre los ojos, pues proporciona un aspecto sombrío.

La trufa debe ser ancha y pigmentada o casi entre las seis y las diez semanas de edad. Una trufa estrecha indica habitualmente un hocico estrecho en maduración, proporcionando un aspecto insignificante.

Me gusta ver un arco pronunciado en el cuello así como unas extremidades posteriores bien anguladas, lo cual proporciona al cachorro una línea fluida desde la cabeza hasta los corvejones posteriores. He comprobado que lo que parece ser mucha angulación se

modifica con el tiempo. Los cachorros parecen perder cierta angulación a medida que maduran. La base de la cola debe salir recta del dorso, y debe llevarse alta.

Mi consejo es buscar a un buen criador, de confianza y con experiencia. Alguien que conozca sus líneas genéticas de varias generaciones, así como otras líneas incorporadas en su cría y las razones para ello. Confíe en ellos.

Cuando visite a un criador para ver una camada de cachorros, hágase acompañar por alguien que entienda de perros. Hable con propietarios de perros que se los hayan comprado a este criador y consúlteles acerca de su integridad y satisfacción (no sólo por haber adquirido un buen perro, sino también por la colaboración prestada atendiendo sus preguntas), así como por el grado de cordialidad en la relación con este criador determinado. Guardo como un tesoro en la memoria la relación con el criador y con todas las personas que me ayudaron la primera vez que adquirí mis Boxers hace 25 años. Todavía tenemos relaciones amistosas. Son mis maestros y son como una parte de mi familia.

Cuando encuentre un cachorro

Como muñecos de resorte en una caja de sorpresa... La selección de un cachorro de Boxer no debe ser una decisión rápida, sino que hay que tomarse tiempo y estudiarla cuidadosamente.

que le entre por los ojos y le cautive, quizá sea caro, especialmente si es de calidad de exposición o para cría. Mi lema es: «se paga de acuerdo con lo que se obtiene». La mayoría de criadores buenos y fiables no escatiman gastos en alimentos, suplementos, asistencia veterinaria, alojamiento, calefacción en invierno, ejercicio adecuado y quizás incluso sociabilización correcta contratando buenos cuidadores o colaboración de criaderos. Tenga todo esto en cuenta al comprar un cachorro.

Un buen criador deseará que usted se haga cargo donde él lo dejó para que continúe por el camino por él iniciado, y también habrá enseñado al cachorro los primeros pasos de hábitos higiénicos y quizá de adiestramiento con correa.

CUIDADOS COTIDIANOS
del cachorro

Antes de llevar su nuevo cachorro a casa, o cuando lo haga, adquiera una jaula. La jaula no sólo ayudará en la enseñanza de los hábitos higiénicos, sino también proporcionará un lugar propio al cachorro, donde podrá sentirse seguro. Al principio puede ser conveniente desmenuzar periódicos y ponerlos en la jaula. Una vez que el cachorro haya aprendido los hábitos higiénicos, la jaula será muy útil, especialmente si usted trabaja fuera de casa y el cachorro está solo gran parte del día. Tal como se sabe, el cachorro pasa por una etapa de masticación. Si no se le enjaula, mascará todo lo que encuentre. Al enjaularle, usted protege su hogar,

Una jaula ayudará en la enseñanza de los hábitos higiénicos. Al principio puede hacer jirones algunos periódicos y colocarlos en la jaula.

y también a su cachorro, evitando que masque algo peligroso, como cables, plantas o pequeños objetos que se le pudieran atragantar. Deje un par de Nylabone® y/o Roar-Hide™ en la jaula con el cachorro. Cuando llegue a casa y le saque de la jaula para que se alivie, alábele. Eventualmente puede dejarle suelto por la casa mientras usted esté fuera, pero deje abierta la puerta de la jaula, y no se sorprenda si le encuentra dormido dentro. Es importante recordar que no se debe usar la jaula como castigo cuando el cachorro haga algo malo. Usted no quiere que el cachorro asocie la jaula con el castigo. Cuando le ponga en la jaula, dele una golosina y elógiele. Cuando crezca, seguirá utilizando la jaula porque es el lugar donde se siente seguro.

EDUCACIÓN DE LOS CACHORROS

Cuando todos los cachorros de una camada se alimentan juntos, la competencia estimula el apetito. Cuando una familia adquiere un cachorro y está solo, se sabe que frecuentemente no come tan bien y, en algunos casos, no come nada. Éstas son las instrucciones de alimentación que doy a todos los propietarios de cachorros:

«Una buena comida básica consiste en alimento seco, alrededor de 3/4 de taza de hamburguesa fresca guisada en 1/2 taza de agua, de 1/2 a 3/4 de taza de queso fresco. La vitamina C es el suplemento más importante y debe añadirse una vez al día. Pueden agregarse algunos productos más: arroz y cebada hervidos, yemas de huevo duro para los cachorros (no claras crudas), huevos enteros duros para los adultos, germen de trigo, carne de buey guisada con verduras, pollo guisado con verduras, la mayoría de verduras cocidas: zanahorias, tomates, apio. Como líquido: jugos de carne, caldo o sopa. Pueden añadirse alimentos enlatados para perros a la comida seca para estimular a un comedor melindroso.»

Durante esta fase, suplemente al cachorro con un estimulante del apetito alto en calorías que le mantenga alimentado y le impida perder demasiado peso. Se dice que si no se mima demasiado al cachorro, éste comerá cuando tenga bastante hambre. Personal-

La jaula que compre debe ser bastante grande para acomodar a su Boxer cuando sea adulto. Obsérvese la divisoria de la jaula utilizada para reducir sus medidas de acuerdo con el tamaño del cachorro, para ayudar en la enseñanza de los hábitos higiénicos.

mente creo que esto puede presentar algunos problemas, dado que algunos cachorros caen en ligeras depresiones cuando se les separa de sus hermanos de camada –«ansiedad de la separación»–. Creo que instar a comer es una parte del proceso de relación entre usted y su nuevo cachorro. Una vez que el cachorro come, se nece-

sitan menos mimos. Sólo en algunos casos aislados hemos producido un comedor melindroso, lo cual puede ser una pesadilla. ¡Come! ¡Come! ¡Come, por favor!

También pueden agregarse vitaminas. Un complejo natural de vitaminas con ácidos grasos es una elección excelente que puede añadirse a una comida. Otras vitaminas útiles son la vitamina E, la vitamina C, el aceite de germen de trigo, una combinación de aceites y azufre elemental (útil para las pulgas), levadura de cerveza y ajo, que parecen útiles con las pulgas, así como eficaces para promover el apetito. Los huesos deben limitarse a Nylabone®, Gumabone® y Roar-Hide™. Los huesos naturales pueden astillarse y atravesarse en la garganta, lesionando órganos internos. Los huesos comerciales citados ayudan a mantener los dientes limpios y fuertes.

Si un cachorro o un adulto no quiere comer, tiéntele con alimentos envasados para gatos. A los perros les gusta su olor y su gusto. También les gusta comer deyecciones de gato, por tanto utilice

Cuando los cachorros de una camada maman juntos, la competencia estimula el apetito y la necesidad de alimentarse.

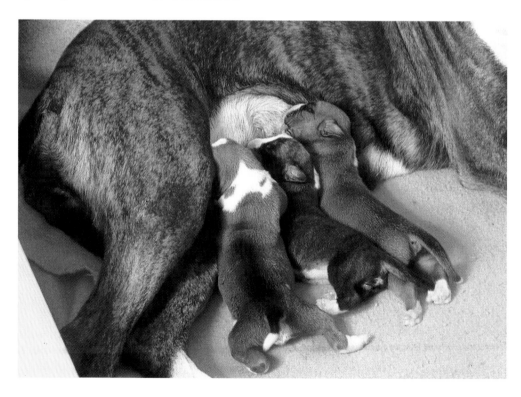

para que su gato se alivie, cajas que tengan tapa, o ponga la caja en un lugar al que no pueda acceder su Boxer.

Se sabe que algunos cachorros se comen sus propias deposiciones. En broma lo denomino reciclaje. Sin embargo, eso no es sano para el cachorro ni tampoco agradable para el dueño cuando

tancias, eliminan la atracción por los excrementos. Lo mejor es recoger inmediatamente los excrementos y deshacerse de ellos.

Durante la primera semana separado de los hermanos de camada, el cachorro se sentirá solo. Están acostumbrados a tener compañeros. Sugiero que de noche se coloque al cachorro en una

Los Gumabone® son mejores para los cachorros debido a su composición más blanda. Cachorro criado por el autor.

el perro le lame después de esa operación. Hay remedios que han demostrado su eficacia. El glutamato monosódico pulverizado sobre la comida del cachorro, cenizas de alga marina en píldoras o tabletas pulverizadas suelen ser eficaces, y también se puede probar un suplemento enzimático activo. Cuando se digieren estas sus-

jaula para perros con una piel artificial de cordero para darle calor. La lana le recordará el calor de la camada. También puede colocar la jaula en su dormitorio o en el de un niño cerca de la cama para que el cachorro pueda sentir la presencia humana. Hay juguetes lanudos con campanillas que son muy adecuados para que los cachorros jueguen y se arrimen a ellos. Si el cachorro llora por la noche, tranquilícele hablándole suavemente mientras pone la mano o el dedo en la jaula. Esto le

Una piel de cordero artificial contribuirá a mantener caliente a un cachorro; la lana le hará sentir un calor como el de la camada. Cachorro criado por el autor.

confirmará que no está solo. Esto puede seguir algunas noches. Tenga paciencia y sea comprensivo. No sacuda la jaula ni le asuste. Usted desea que se sienta cómodo y feliz en su jaula, que es su dormitorio, su espacio, su guarida y un lugar seguro en general. Las jaulas de tipo plegable son ideales para trasladarlas de un lugar a otro.

Cuando usted se despierte por la mañana, saque inmediatamente al cachorro al exterior, y espere hasta que haya evacuado antes de entrarle. Parece que invariablemente tienen que hacerlo. Si usted no espera, el cachorro efectuará una segunda descarga, por así decirlo, en la casa. Durante el día, saque al cachorro después de cada siesta y, por supuesto, después de cada comida. En invierno, muchos criadores les adiestran con periódicos, aunque los cachorros de Boxer parecen adiestrarse solos con los periódicos. Ponga los periódicos delante de la puerta que utiliza para sacar al cachorro, generalmente la puerta trasera que lleva a su patio. Recomiendo un patio vallado o un redil amplio que permita hacer ejercicio o correr. De este modo el cachorro está en una zona segura, y no puede escaparse ni perderse, evitando también los riesgos de robo o atropello. Si no tiene un patio vallado, pasee siempre al cachorro con

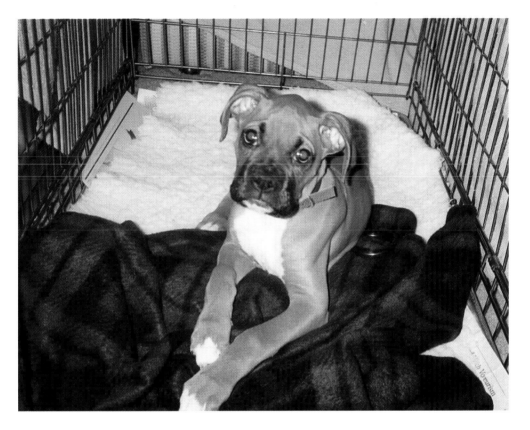

Una jaula plegable es ideal para trasladarla dentro y fuera del dormitorio.

una correa. Nunca deje que salga a la calle sin correa ni collar. Si coge la costumbre de ponérselos cada vez que vaya a cruzar la puerta de salida a la calle, cuando crezca no tendrá tendencia a salir corriendo suelto por delante suyo. Muchas mascotas queridas han muerto o han sufrido mutilaciones al correr descontrolados y sin correa por delante de algún vehículo.

He comprobado también que cuando los Boxers, que son compañeros fieles, no están autorizados a salir de la propiedad, con o sin correa, hasta tener un año de edad al menos, la tendencia es que de adulto tampoco la deje. Si su cachorro se aleja corriendo, no le persiga, ya que creería que es un juego y normalmente seguiría alejándose. Pruebe a correr en dirección opuesta, lejos del peligro o en dirección hacia su casa llamándole enérgicamente y con entusiasmo: «¡Buster, ven!». Si esto no funciona, arrodíllese o túmbe-

dre, alabando con entusiasmo y energía con voz sonora y feliz. Si tiene que reñir a su cachorro, utilice un tono de voz grave, como un gruñido. El cachorro lo recordará de la época en que vivía con su madre. Hay varios libros excelentes que tratan más detalladamen-

Bosco vuelve a casa después de haberse aliviado. Recuerde que nunca ha de permitir que su perro entre de nuevo en casa hasta que haya evacuado. Propiedad de la familia Michals.

se completamente y haga ver que llora. Si usted ha creado un lazo afectivo, el cachorro normalmente irá a ver si se encuentra bien, siempre que no esté distraído o persiguiendo algo.

Enseño a mis cachorros de acuerdo con el concepto Alfa, convirtiéndome en su padre o su ma-

te este concepto. No pegue nunca a su cachorro con la mano, ni con un periódico enrollado, etc. Si debe ejercer una acción física, agárrele suavemente por el cogote o utilice un collar y una correa y corríjale como en el adiestramiento en obediencia. Siga siempre con elogios para confirmar inmediata-

Si su cachorro de Boxer se aleja corriendo de usted, no le persiga. Procure correr en dirección opuesta, hacia la casa y lejos del peligro. Cachorro criado por el autor.

mente que todavía le quiere. Trate al cachorro tan amablemente como haría un padre con su hijo. Los Boxers tienen un carácter, una personalidad y una inteligencia tan semejantes al hombre que le responderán porque les encanta complacer.

Insisto en que es conveniente asistir a algún tipo de clases de obediencia. Empiece con las clases donde no se exige mucho al cachorro. Consulte con adiestradores lo-

cales. Dado lo brillantes que son los Boxers, pueden aburrirse fácilmente con la repetición y con excesivas exigencias a una edad temprana. Si tiene un cachorro para exposición y planifica prepararle para campeón, no recomiendo asistir a clases de obediencia. Sin embargo, sí recomiendo clases para desenvolverse en exposiciones, que generalmente son impartidas por las sociedades caninas o privadamente por un buen profesional.

Consulte a su criador. Ciertas clases pueden ser demasiado exigentes, y el cachorro puede perder algo de su chispa, que es una parte importante para ser un perro de «exposición». He visto muchos casos de perros preciosos para exposiciones que no han disfrutado con la presentación en el ring, y no han alcanzado su potencial como campeones.

RECORTE DE LAS OREJAS

Aunque muchos países, especialmente de Europa, han prohibido el recorte de las orejas, todavía es legal y se efectúa rutinariamente en otros, tales como los Estados Unidos. Muchos criadores siguen

Los criadores y los propietarios que recortan las orejas deben asegurarse de que el tocado del cachorro no interfiera con el juego, lo cual es parte importante de su desarrollo.

la práctica de recortárselas a toda la camada entre las siete y las nueve semanas de edad, especial-

Debe proporcionar a su Boxer su propia cama. «Aby» demuestra lo pronto que puede quedarle pequeña una cama a un Boxer en desarrollo. Propietarios: Carole y John Hessels.

Actualmente muchos propietarios recortan las orejas de sus Boxers, mientras que otros prefieren dejárselas naturales.

mente si prefieren el corte más largo y estilizado. Las orejas que se recortan más tarde no quedan tan bien como las otras. Si, por cualquier razón, desea un Boxer sin orejas recortadas, indíquelo pronto al criador que haya escogido, pues algunos no venden perros sin orejas recortadas, y es dudoso que encuentre cachorros mayores sin desmochar.

La razón original para recortar las orejas del Boxer fue de naturaleza funcional. Aunque en la ma-

yoría de perros ya no cumple este objetivo, todavía confiere un aspecto específico a la cabeza.

Por tanto, a partir de su primer cachorro de Boxer, es probable que necesite saber la manera de cuidar las orejas recién recortadas. El vendaje y el cuidado ha de continuar durante un periodo de varios meses, debido al corte largo y estilizado que se utiliza en la raza. Después de muchos años de criar Boxers he desarrollado algunos métodos maravillosos para que las orejas queden bien erguidas.

Al principio, cuando las orejas aún están suturadas y curándose, aplique unos polvos desinfectantes. Deben utilizarse dos veces al día sobre el corte durante cuatro o cinco días al menos. Esto facilita la curación y alivia el picor que puede impulsar al cachorro a rascarse la herida.

Una vez que se ha formado la costra en el borde, empiece a utilizar una pomada de áloe con vitamina natural E. Después de sacar los puntos, inicie el masaje de las orejas hacia arriba, apuntando a la posición en que desea que queden las orejas. Para el masaje se puede utilizar aceite de oliva, una pomada, o incluso nada. Esto ayuda a mantener estirado el borde de la herida durante el proceso final de curación, así como a lograr que la oreja se aguante erguida más pronto.

Dado que la mayoría de las orejas de los Boxers no se aguantan por sí solas, es necesario vendarlas. Esta operación debe efectuarse tan sólo después de que se hayan curado completamente las orejas. La mayor parte de propietarios y de criadores todavía utili-

La mayoría de dueños y de criadores todavía utilizan el método tradicional de vendaje, con una cinta de algodón poroso que permite respirar a la oreja sin dañar la piel.

zan el método tradicional de vendaje, con cinta de algodón poroso que permite que las orejas no queden estancas y transpiren sin erosionar la piel.

Si la oreja cae hacia fuera, siga el pliegue natural de la piel que está en la base de la oreja. Estire la oreja hacia arriba, estirando de verdad, y enrolle la cinta en espiral, como el poste de una barbería. El vendaje empieza siempre en la base de la oreja. Mantenga la venda ligeramente holgada, pues si está demasiado apretada puede cortar la circulación de la oreja, y también será más difícil extraerla posteriormente. Deje expuesta la punta de la oreja, como guía para cuando más tarde tenga que cortar la venda con tijeras de vendaje.

Si la oreja cae hacia dentro, o tira hacia la parte superior de la cabeza, el vendaje también corregirá este problema. Sin embargo, esto es un poco más delicado. Masajee primero la oreja con aceite de oliva para suavizar. Luego res-

triegue con un pañito con alcohol para eliminar la grasa y favorecer que se pegue la venda. Empiece a vendar también en este caso desde la base de la oreja, pero, esta vez, enrolle en sentido contrario del método descrito anteriormente. Esto pondrá en acción al músculo de la base de la oreja de modo que las orejas se enderecen. Deje la venda de cinco a siete días. Si se deja más tiempo puede causar la pérdida de resistencia del músculo. Cuando extraiga la venda, deje descansar la oreja un día al menos antes de volver a vendar. Quizá desee esperar hasta que la oreja caiga de nuevo antes de repetir el proceso.

No utilizo suplementos de calcio, pero siempre recomiendo la vitamina C, que ayuda a formar buen tejido conectivo.

Algunos propietarios y criadores han decidido utilizar un procedimiento relativamente nuevo, conocido como el método para vendar orejas sin cinta. Se empieza por cortar un trozo de espuma rígida moldeable para acoplarla dentro de la oreja. La base de ese trozo se coloca firmemente en el interior de la base de la oreja y se asegura con un lazo de piel completamente hasta arriba. Esto mantiene las orejas estiradas y apuntaladas. Sin embargo, para el éxito de esta técnica conviene cambiar la citada espuma rígida cada cuatro o cinco días.

INSTRUCCIONES SOBRE LA DIETA DEL BOXER

Para conservar sano a un Boxer debe inculcarle buenos hábitos, ganarse su confianza y conse-

Si insiste en alimentar a su Boxer con comida humana, espere a que sea adulto. Los alimentos humanos ofrecen una nutrición deficiente a los cachorros.

guir su obediencia con amor, alimentarle correctamente, y mantener la limpieza del cuerpo y del entorno.

Cuando lleve por primera vez su cachorro a casa, decida el tipo de comida que quiere darle durante el resto de su vida. Aunque los Boxers no son propensos a problemas intestinales, los cambios súbi-

mento. No le deje alimento para comer más de veinte minutos. No le alimente mientras está en la mesa ni le ofrezca golosinas entre comidas, ni le consienta caprichos. Alimente a los cachorros, y también a los perros adultos, con pequeñas cantidades frecuentemente, en vez de una o dos comidas abundantes. No le dé sobras de la

Cuando lleve por primera vez su cachorro a casa, continúe dándole los alimentos que le recomiende el criador. Si desea cambiar, hágalo gradualmente. Cachorro criado por el autor.

tos pueden causarles alteraciones, especialmente a los cachorros. Si su cachorro ha efectuado un viaje largo o le lleva de visita, hierva el agua durante una semana, mezclándola gradualmente con el agua local. Si su cachorro está acostumbrado a su agua, es mejor llevársela en los viajes. Hágale saber que la dieta que usted decide es su ali-

mesa ni de la comida de las personas. Si usted se empeña en hacerlo, espere al menos hasta que el Boxer sea adulto. Los alimentos humanos ofrecen una nutrición pobre para su cachorro.

Las instrucciones generales sobre la dieta y las diversas sugerencias sobre la misma están todas ellas sujetas al consejo de su veterinario. Consúltele en seguida cada vez que observe síntomas insólitos, y regularmente con respecto a cuidados generales, vacunaciones anuales, incluyendo la vacuna contra parvo y coronavirus y la antirrábica, así como un preventivo mensual contra los gusanos del corazón.

Es difícil especificar la cantidad de alimento, pues cada Boxer individual varía en sus requisitos básicos. Juzgue por su respuesta y las circunstancias. Si su perro es voraz, come mucho, pero no aumenta de peso, o si come poco, no tiene apetito, y está demasiado

Vigile siempre a su cachorro cuando esté al aire libre. No le deje comer plantas ni bayas extrañas, pues podrían ser venenosas.

delgado o demasiado gordo, consulte a su veterinario.

Aunque algunas personas prefieren alimentar con restos de la mesa, es mejor aprovechar la investigación de empresas serias de alimentación que, de acuerdo con ella, producen raciones completas bien equilibradas. Por supuesto, usted puede suplementar todas las comidas con vitaminas, gra-

No importa lo perfectamente equilibrada que esté la dieta de su perro, ya que él disfrutará compartiendo algo agradable con usted. Propietario: David Rutledge.

sas, aceites o cualquier elemento que necesite su perro.

Hay que suministrar al cachorro más cantidad de alimento que el que pueda ingerir en cada comida. Un cachorro crece muy deprisa y ajusta sus necesidades a medida que crece. Si le deja más comida, puede observar fácilmente cuando tiene que aumentar la cantidad. A medida que su cachorro crezca, puede ajustar sus comidas consecuentemente.

Los productos comerciales de marca que se venden en las tiendas especializadas son excelentes, son alimentos secos de alta calidad y muy recomendables. A los cachorros de Boxer parece que les agradan los alimentos secos a base de cordero y arroz, que producen excrementos sólidos.

En el criadero Jacquet recomendamos este programa:

Cachorros jóvenes: De 8 semanas a unos 4 meses = 4 comidas al día.

Cachorros: De 4 a 6 meses = 3 a 4 comidas diarias.

Cachorros: De 6 meses a 1 año = 3 comidas al día.

Adultos: De más de 1 año = 2 comidas al día

CONSIDERACIONES FINALES

No ate nunca a un Boxer en el exterior. Recuerde que su cachorro desea estar donde usted está y tratará de soltarse por todos los medios. No deje que corra suelto fuera de terrenos vallados en ningún momento. Asegúrese de que no pueda trepar por muros y vallas, ni pasar por debajo, y las puertas deben estar siempre bien cerradas. Si el perro tiene facilidades para escaparse, se corre un riesgo serio.

Mantenga las medicinas, los anticongelantes y los pulverizadores fuera del alcance de su perro. Los venenos contra ratas y ratones, y contra hormigas y plagas del jardín, así como los pulverizadores, pueden ser fatales, y también los artículos y las paredes pintados con arseniato de plomo.

La enseñanza de los hábitos higiénicos es fácil si se es consecuente, paciente y persistente. Tan pronto como su Boxer pueda comprender, y es más listo de lo que usted cree, enséñele buenos modales y obediencia ganándose su afecto y confianza, con paciencia y perseverancia, y con elogios.

ADIESTRAMIENTO
en obediencia de su Boxer

Volviendo a lo listos que son los Boxers, ¿cuántas personas creen realmente que su Boxer es tonto? Si no estoy muy equivocado, no muchas. Mis perros pueden abrir puertas correderas y puertas con cerrojo. Harpo y Kosmo pueden distinguir perfectamente los días de la semana. Saben cuáles días practican adiestramiento y cuáles tienen lecciones. (Quizá también Cleo los distinga, perro ella disimula si puede...).

Tal como uno de mis adiestradores me dijo una vez (concretamente la criadora de Boxers Liz Farrell), los Boxers fueron criados para pastoreo, caza y guarda. En los días anteriores a la época en que Frau Stockmann y sus amigos se interesaron por la raza, eran los perros indígenas de Europa. Principalmente cuidaban el ganado, cazaban y actuaban como guardianes. Eran los «bullbaiters». ¿Recuerda el relato del primer perro de Frau Stockmann, Pluto, que atacó a un venado en su vejez? Y no olvidemos los cuadros antiguos de la Europa medieval que representan a perros de tipo mastiff de diversos tamaños haciendo de guardianes de castillos.

Para llevar a cabo cualquiera de estas actividades, debe tener un perro que pueda ampliar sus horizontes. El perro que conocemos como el Boxer actual ha evolucionado durante siglos para ser capaz de discernir sus horizontes. El Boxer era un perro de trabajo independiente.

Cuando llevamos a este perro a la pista de obediencia, su instinto le indica que ha de fijarse en las cosas para usted. Además, aún tengo que encontrar un Boxer que no sea de comprensión rápida. Y la mayoría de adiestradores tienen tendencia a repetir los ejercicios hasta que el Boxer llega a aburrirse al máximo. Y un Boxer aburrido es generalmente un Boxer testarudo. Es un perro que está diciendo: «Ya hice lo que me dijeron... y no voy a repetirlo otra vez. Si quieres lanzar esa pelota una vez más, tú irás a buscarla.»

Sin embargo, esto no es malo del todo. He aprendido algo importante al trabajar con mis Boxers, y es que si puedo indicarles muy claramente lo que deseo que hagan en primer lugar, no tardan mucho en aprenderlo. No se adiestran como los perros considerados generalmente máximos «tops» en obediencia, tales como los Border Collies, los Golden Retrievers, los Pastores Alemanes, los Caniches y los Shetland Sheepdog. Con la excepción de los Caniches, todos los restantes son perros deportivos o pastores. Son perros que han sido criados para trabajar muy estrechamente con el hombre.

Creo que los Boxers tienen una gama mucho más amplia de inte-

Se cree que los Boxers tienen una personalidad obstinada. Para conseguir que su Boxer saque la cabeza de la arena, tiene que hacer que el adiestramiento sea divertido y emocionante.

El collar de estrangulación se utiliza habitualmente en el adiestramiento. Utilícelo siempre con cuidado. Este ejemplar es Susancar Barry, propiedad de Sandra Carter, Inglaterra.

reses. Y he comprobado frecuentemente que aprenden mucho observando (por tanto, ¡asegúrese de que observan a buenos perros!). Esto no es siempre una buena noticia cuando llega el adiestramiento en obediencia. Pero es bueno saber cómo aprende obediencia su perro.

Probablemente su Boxer nunca vaya a buscar y sacar del agua un palo tan a menudo como un Golden Retriever, o a recoger una pelota tan frecuentemente como un Border Collie. Sin embargo, si usted respeta la inteligencia y la nobleza de su perro, puede conseguir un buen ejemplar competidor en obediencia. Tendrá un perro más listo que la mayoría en muchos aspectos, y sólo tendrá que ser creativo para proponerle trabajos conjuntos. He aprendido que si Harpo hacía algo bien una vez y le dejaba ir en lugar de hacérselo repetir, empezábamos realmente a acelerar nuestra habilidad y el resultado de nuestras pruebas.

Una teoría sobre el origen del nombre de la raza sostiene que puede atribuirse a la forma en que el perro extiende sus extremidades delanteras cuando juega, como un boxeador profesional.

¿Quién necesita un taco? Los Boxers son muy inteligentes. En la foto, Jacquet's Little Miss Magic, propiedad de Jeff y Missy Mathis y de Rick Tomita.

Lo que sucede con la mayoría de los Boxers si usted repite demasiado las cosas en una sesión, es que pueden decidir una de esas dos cosas: (1) Dado que ya la han hecho, incluso si la han hecho bien, algo debe estar mal, por tanto lo van a hacer de modo diferente. (2) Dado que ya la han hecho, es aburrida, y tratarán de hacerla más interesante, o sea de modo distinto.

Así pues, dado que lo que usted deseaba era más de lo mismo, conseguir múltiples repeticiones puede ser muy contraproducente. ¿Mi consejo? No lo haga. Si le gusta hacer las mismas cosas una y otra vez, compre un Border Collie o un Golden Retriever. Si quiere un perro eficiente, compre un Boxer.

Un pequeño consejo con respecto a la asistencia a clases con su Boxer: Si vive en una zona donde no hay exposiciones abiertas a la participación de Boxers, puede suponer que nadie en esa zona sabe realmente el modo de adiestrarlos. Siempre hay Boxers por los alrededores, pero muchos adiestradores no tienen mucha experiencia con ellos o con otros perros sometidos a trabajo. Si el adiestrador con el que está pensando en tomar lecciones dice cosas así: «Los Boxers son testarudos, nunca lo harán», etc., busque por otra parte. Si tiene sentido del humor y parece bueno con los perros en general, puede llegar a un acuerdo. Si le dice que usted sólo puede adiestrar a un Boxer con un «collar de pinchos y un aguijón eléctrico para acarrear al ganado», busque también por otra parte. ¡Puede estar seguro de que su Boxer lo haría!

A menos que su perro sea completamente arisco, agresivo con las personas, malcriado, o tan dominante que le asuste, no deje que nadie diga que su perro es malo, tozudo o estúpido. Si no hace lo que usted quiere, es que no ha establecido las bases de comunicación para hacerle saber lo que tiene que hacer para complacerle. Aunque la opinión general es que los Boxers son tozudos, creo que es más exacto decir que son vigilantes, cuidadosos y comedidos en sus movimientos y decisiones. Y, sinceramente, creo que es una buena cualidad de la raza. Si sigue con la obediencia, comprobará que hay muchos puntos donde hay diferencias con las razas populares en obediencia.

Por ejemplo, si trata de enseñar a su Boxer atención en movimiento y parado, recuerde que probablemente no le responderá con la misma apariencia de atención que las típicas razas de obediencia. Algunos ejemplares de Border Collies, Goldens Retrievers y perros Australianos pueden doblar su cabeza delante de sus cuidadores y parecer como si estuviesen pegados a sus piernas. Los Boxers no tienen ese nivel de flexibilidad en el cuello ni el mismo interés, aparte de que en el fondo de su corazón saben que su verdadero trabajo es estar atento a su dueño. Sin embargo, cuando comprenden el concepto de atención, y que su tarea es estar atento mientras permanece en la posición de pie, pueden darle la misma precisión que cualquier otra raza. Lo único es que su mirada hacia usted no es tan obvia. Y creo que forma parte de su naturaleza, si no les falta autoconfianza, marchar en una posición de pie un poco más separada.

Puesto que un Boxer puede saltar, realizar pruebas de agilidad, y estar atento, no hay razón alguna por la que usted no pueda llegar tan lejos como desee en cualquiera de los deportes caninos. Solamente es necesario respetar las habilidades particulares de su perro, y no encasillarle en calificaciones caninas con el adjetivo demasiado (demasiado tozudo, demasiado lento, demasiado estúpido, etc.). Seguramente descubrirá que es un poco más listo de lo que usted se había figurado. Y nada más lejos de la intención de cualquier Boxer que decepcionar a su dueño si éste cree que el Boxer puede hacer alguna cosa. Éste es uno de los aspectos más sorprendentes de los Boxers. Si usted cree que su perro no puede hacer algo, no lo hará. Si cree que puede hacerlo, lo hará. Esto lo he

Enseñar a nadar a su Boxer es una tarea fácil y esencial si tiene una piscina. Vigile siempre a un perro en una piscina –¡y enséñele la manera de salir!

visto una y otra vez cuando estoy trabajando con amigos para tratar de adiestrar a sus perros. El perro casi siempre hará lo que yo deseo sin forzar o luchar, y sólo animándole un poco, sorprendiendo así completamente a sus propietarios. Eso es así porque yo creo que pueden hacerlo. Pienso que los Boxers son muy intuitivos. Es una zona en la que si usted cree que su perro puede hacerlo, podrá hacerlo y lo hará, pero no sin un adiestramiento razonable y concienzudo, por supuesto.

EL DEPORTE de los perros de pura raza

Bienvenido al emocionante y a veces frustrante deporte de los perros. Es indudable que usted trata de aprender más sobre los perros, o no estaría profundizando en este libro. Este capítulo trata sobre los puntos básicos que pueden interesarle, ampliando sus conocimientos y ayudándole a comprender el mundo canino. Si decide que su perro participe en pruebas de obediencia, exposiciones u otras actividades, es recomendable que se informe bien en las fuentes apropiadas.

Las exposiciones de perros han sido un deporte muy popular durante mucho tiempo, y muchas personas se los toman muy en serio. Otras los consideran solamente como un hobby.

El Kennel Club de Inglaterra se

En la foto, Kay Palade en el ring con Ch. Vancroft's Prime Time, propiedad de Deborah Clark y Marcia Adams.

fundó en 1859, el American Kennel Club en 1884, y el Canadian Kennel Club en 1888. El objetivo de estos clubs era registrar los perros de pura raza y mantener sus «stud books» o libros genealógicos. Al principio, el concepto de registrar a los perros no se aceptó fácilmente. Más de 36 millones de perros se han inscrito en el libro genealógico del AKC desde su iniciación en 1888. Actualmente las sociedades caninas no sólo registran perros, sino también dictan normas y reglas concernientes a los concursos, y las pruebas de obediencia y de campo. Durante años han fomentado y estimulado el interés por la salud y el bienestar del perro de pura raza. Suelen hacer donaciones para la investigación veterinaria dirigida a estudiar enfermedades genéticas.

En todos los países existen asociaciones caninas, con los que conviene estar en contacto.

Actualmente hay numerosas actividades que son divertidas tanto para el perro como para el cuidador. Algunas de ellas son expo-

Ch. Jacquet's Millennium, ganador del Mejor Cachorro en el grupo de trabajo a los ocho meses de edad.

Ganar un campeonato en Inglaterra es diferente que en los Estados Unidos o Canadá, pues no hay sistema de puntos. Se otorga un Challenge Certificate si los jueces creen que el perro lo merece.

siciones de belleza, competiciones de obediencia, rastreo, Agility, el Certificado de Buen Ciudadano Canino, y una amplia gama de tests de instinto que varían de una raza a otra. El Boxer es una de las pocas razas que participa en pruebas de trabajo en todo el mundo, dependiendo su obligatoriedad para el Campeonato de Belleza de un país a otro. Por dónde empezar depende de sus objetivos, los cuales quizá no tenga bien claros al principio.

MORFOLOGÍA

Las exposiciones de belleza son nuestro deporte canino más antiguo. Este tipo de pruebas se basa en la apariencia del perro –o sea su estructura, movimiento y acti-

tud–. Al considerar este tipo de pruebas, tiene que conocer el estándar de su raza y saber evaluar a su perro en comparación con el mismo. El criador de su cachorro u otros criadores expertos serán buenas fuentes para esa evaluación. Los cachorros pueden experimentar muchos cambios durante un periodo de tiempo. Siempre digo que la mayoría de cachorros empiezan muy prometedores y cuando llegan a la madurez pueden decepcionar como candidatos en exposiciones. Aun así esto no les priva de ser excelentes mascotas.

Generalmente las clases de presentación en rings de belleza las imparte la sociedad canina local o los clubs de obediencia. Son

117

lugares excelentes para adiestrar a los cachorros. El cachorro debe saber caminar atado con una correa antes de entrar en una de esas clases. Ahí le enseñarán el procedimiento adecuado para el ring y la técnica de posar, así como la marcha. Habitualmente en el ring se utilizan itinerarios de una forma determinada, tales como el triángulo o la «L». Además, las clases de presentación proporcionarán al cachorro oportunidad de sociabilizar con diferentes razas de perros y con personas.

Se requiere cierto tiempo para aprender la rutina de las exposiciones de belleza. Generalmente se empieza por competiciones de cachorros organizadas por una sociedad canina local, adecuadas para perros de dos o tres meses a un año de edad, y puede haber distintas clases para adultos de más de 12 meses. Las clases se dividen por sexos y después de haber competido en esa raza o variedad, los respectivos vencedores compiten por el Mejor de la Raza o Variedad. El vencedor sigue compitiendo en el Grupo y los vencedores de Grupo se disputan el título de Mejor de la Competición, el «Best in Show». No se conceden

Rebecca Bradshaw es una experta joven presentadora. En la foto está con Aust. Ch. Ozstock Rags To Riches, propiedad de Dianne y Dennis Bradshaw, y criado por ellos.

puntos de campeonato para los triunfos de competición.

Unas cuantas competiciones pueden significar un gran adiestramiento para los cachorros, incluso aunque no se tenga intención de participar en exposiciones. Las competiciones permiten que el cachorro se encuentre con nuevas personas y que le maneje un extraño –el juez–. Es también un cambio de entorno, que amplía el horizonte tanto para el perro como para el presentador. Este tipo de actividades, y otras similares, fomentan la confianza del cuidador y especialmente de los cuidadores jóvenes.

Ganar un campeonato canino implica un sistema de puntos, que es diferente de un país a otro. Por ejemplo, para llegar a ser un Campeón de Registro AKC el perro debe ganar 15 puntos. El número de puntos que se gana cada vez depende del número de perros en competición. El número de puntos disponible en cada exposición de-

pende de la raza, su sexo y la localidad. Estados Unidos está dividido en diez zonas AKC. Cada zona tiene su propia serie de puntos. El propósito de las zonas es intentar uniformar los puntos disponibles de una raza a otra y de una zona a otra. El AKC ajusta la escala de puntos anualmente.

En una exposición pueden ganarse entre uno y cinco puntos. Se consideran resultados importantes ganancias de tres, cuatro y cinco puntos. El perro no sólo necesita ganar 15 puntos bajo tres jueces diferentes, sino que esos puntos deben incluir dos resultados importantes bajo dos jueces distintos. En Canadá también funciona un sistema de puntos, pero no se requieren resultados importantes o máximos. En Europa las exposiciones funcionan con el mismo espíritu de competición, pero con ciertas diferencias. Cabe mencionar que los perros participan en 10 grupos (excepto en Inglaterra y países nórdicos). En las clases varían las edades. El campeonato no funciona por puntos sino por calificaciones; un perro puede ser campeón nacional o internacional (si lo es en tres países) etcétera.

Boxer saltando a través de un neumático en una prueba de Agility. Propiedad de Ella M. DuPree.

Lo mejor y más práctico, cuando se quiere participar en exposiciones por primera vez en un país, es que nos pongamos en contacto con la sociedad canina local la cual nos indicará las normas que rigen en su ámbito de actuación.

JÓVENES PRESENTADORES O PRESENTADORES JUNIOR

La categoría de presentación junior es un medio maravilloso para fomentar la autoconfianza, incluso si no se tienen aspiraciones de seguir con el deporte de las exposiciones de perros. Frecuentemente constituye la base de los que en el futuro llegarán a ser presentadores/cuidadores con éxito. En algunos casos se toma todo muy en serio, y el éxito se mide por triunfos. El joven presentador es juzgado solamente por su habilidad al presentar a su perro. El juez no tiene en cuenta el aspecto morfológico del perro. Aun así el acicalamiento y la condición del perro puede ser un reflejo del cuidador.

BUEN CIUDADANO CANINO

En EE.UU. AKC patrocina un programa para estimular a los propietarios a adiestrar a sus perros. Las sociedades caninas locales realizan determinados tests, y a los perros que aprueban se les concede un Certificado de Buen Ciudadano Canino. En el momento de la participación se exige el certificado de vacunación. El test incluye:

1. Aceptación de un extraño amistoso.
2. Sentarse cortésmente para que le acaricien.
3. Apariencia y acicalamiento.
4. Pasear con una correa floja.
5. Pasear en medio de una muchedumbre.
6. Sentarse y echarse cuando se lo ordenen, y quedarse quieto.
7. Acudir cuando se le llama.
8. Reacción ante otro perro.
9. Reacciones a las distracciones.
10. Aislamiento supervisado.

En Inglaterra es el KC, quien patrocina este programa de comportamiento canino, pero con un número menor de tests ya que no se realizan ni el 8 ni el 10.

En España, lo lleva a cabo la Real Sociedad Canina de Cataluña.

Si los propietarios de mascotas realizasen más esfuerzos para efectuar estos ejercicios, habría menos perros abandonados en los refugios humanos.

OBEDIENCIA

La obediencia es necesaria, sin duda, pero también puede convertirse en un hobby maravilloso o incluso en una obsesión. En mi opinión, las clases de obediencia y la competición pueden proporcionar una compañía maravillosa, no sólo con su perro sino también con sus colegas de categoría. Siempre es agradable charlar sobre los problemas de su perro con otras personas que hayan tenido experiencias similares. El AKC reconoció las pruebas de obediencia alrededor de 1936, y han cambiado mucho, aun cuando muchos de los ejercicios son básicamente los mismos. En la actualidad la competición de obediencia es precisamente eso –muy competitiva–. Aun así, es posible que cada presentador en obediencia vuelva a casa como vencedor (ganando puntos de calificación) aun cuan-

Un Boxer franquea una valla en una prueba de Agility. Se trata de un deporte divertido igualmente para los perros, los dueños y los espectadores. Propiedad de Ella M. DuPree.

do quizá no gane un puesto en la categoría.

RASTREO

El rastreo está clasificado oficialmente dentro de la obediencia, pero yo creo que debería tener su propia categoría. Hay tres títulos de rastreo: Perro de Rastreo (TD), Perro de Rastreo Excelente (TDX), Rastreo en Superficie Variable (VST). Si se obtienen todos los tres títulos de rastreo, entonces el perro llega a ser oficialmente un CT (Champion Tracker = Rastreador Campeón). El CT se coloca delante del nombre del perro.

Un TD puede ganarse en cualquier momento y no tiene que seguir a los otros títulos de obediencia. Hay muchos exhibidores que prefieren el rastreo a la obediencia y hay otros, como yo mismo, que valoran ambos. En mi experiencia con perros pequeños, prefiero ganar el CD y el CDX antes de intentar el rastreo. Mi razonamiento es que los perros pequeños están

123

más cerca de la esterilla en las pistas de obediencia, y por consiguiente es demasiado fácil bajar la trufa y olfatear. El rastreo estimula la actividad olfativa. Por supuesto, eso depende del perro. He tenido algunos perros que han rastreado por la pista, y otros (TDX) que no pensarían olfatear en ella.

En Europa no existe esta modalidad de competición con título propio para los perros de rastreo.

El rastreo está incluido dentro de los tests de las pruebas de obediencia.

AGILITY

El Agility fue introducido por primera vez en Inglaterra por John Varley, en el Crufts Dog Show, de febrero de 1978, pero fue Peter Meanwell, competidor y juez, quien desarrolló realmente la idea. Esta prueba fue reconocida oficialmente a comienzos de los años ochenta. El Agility es extremadamente popular en Inglaterra y Canadá, y su popularidad crece en los Estados Unidos y otros países. El AKC reconoció el Agility en agosto de 1994. Para participar los perros deben tener al menos 12 meses de edad. Es un deporte fascinante, que disfrutan al máximo el perro, el presentador y los espectadores. ¡El Agility es un deporte espectáculo! El perro actúa sin correa. El presentador corre con su perro, o bien se coloca en el circuito y le dirige con señales verbales y con indicaciones con las manos a través de diversos obstáculos incluyendo una pausa. Uno de los principales inconvenientes del Agility es hallar un lugar para entrenar. Los obstáculos ocupan mucho espacio, y se tarda mucho en instalar y recoger los elementos de un circuito.

Los títulos que se ganan en las pruebas de agilidad son Novice Agility Dog (NAD), Open Agility Dog (OAD), Agility Dog Excellent (ADX), y Master Agility Excellent (MAX). Para obtener un título en Agility un perro debe ganar unos puntos de calificación en su respectiva categoría en tres ocasiones separadas bajo dos jueces diferentes. El MAX se otorga después de ganar diez resultados de calificación en la Agility Excellent Class.

SCHUTZHUND

La palabra alemana «Schutzhund» significa «perro de protección». Es una prueba de trabajo

Aunque en Europa muchos Boxers están adiestrados en schutzhund, esa práctica es desaprobada generalmente por los aficionados americanos y británicos.

muy competitiva en auge muchos países, y ha sido popular en Inglaterra desde principios de 1900.

Schutzhund fue originariamente un test para determinar que pastores alemanes eran perros de calidad para la cría en Alemania. Nos permite comprobar el temperamento correcto y la capacidad de trabajo de nuestros perros. Al igual que cualquier otro deporte canino, requiere trabajo en equipo entre el presentador y el perro.

El adiestramiento schutzhund y la presentación consiguiente implica tres fases: Rastreo, Obediencia y Protección. Hay tres niveles SchH: SchH I (novato), SchH II (intermedio), y SchH III (avanzado). Cada título es progresivamente más difícil. El cuidador y el perro empiezan en cada fase con 100 puntos. A medida que se incurre en errores se deducen puntos. La puntuación total perfecta son 300 puntos, y para que un presentador y un perro ganen un título deben obtener al menos 70 puntos en rastreo y obediencia, y al menos 80 puntos en protección. Actualmente son muchas las razas diferentes que participan con éxito en schutzhund.

INFORMACIÓN GENERAL

La obediencia, el rastreo y el Agility permiten que el perro de pura raza obtenga un número de «Indefinite Listing Privilege» (ILP) o un registro limitado para ser presentado y poder ganar títulos. Ese número debe solicitarse al AKC.

Muchas sociedades caninas publican revistas o boletines mensuales con relación de las exposiciones para el deporte de los perros de pura raza. La inscripción en las exposiciones donde se dan puntos es más cara que en las exposiciones locales y, además, debe realizarse con más antelación, aproximadamente dos semanas y media. Conviene consultar a la sociedad canina y a la federación correspondiente en cada caso.

La información sobre pruebas de obediencia y rastreo también se obtiene a través de las sociedades caninas. Con mucha frecuencia hay pruebas locales de esta índole.

Tal como puede verse, hay numerosas actividades que puede compartir con su perro. En cualquier caso, se necesita trabajo en equipo. Su perro se beneficiará con su atención y con su adiestramiento. Confío en que este capítulo haya prendido su atención y que, al menos, asista a una exposición de vez en cuando. Quizás empiece con una clase elemental para un cachorro, y ¡quién sabe a dónde eso puede llevarle!

CUIDADOS SANITARIOS
de su Boxer

La medicina veterinaria actual ha llegado a ser mucho más sofisticada que en épocas anteriores. Esto puede atribuirse al aumento de mascotas en los hogares, y consiguientemente a la demanda de mejores cuidados. También la medicina humana se ha vuelto mucho más compleja. Actualmente las pruebas diagnósticas en la medicina veterinaria son equiparables a los diagnósticos humanos. Debido a la mejoría de la técnica, podemos esperar que nuestras mascotas disfruten de vidas más sanas y también más longevas.

LA PRIMERA REVISIÓN

Es conveniente llevar a su nuevo cachorro/perro, para su primera revisión, entre las 48 y 72 horas después de adquirirlo. Muchos criadores recomiendan encarecidamente esta revisión, así como las sociedades protectoras. Un cachorro puede parecer sano, pero quizá tenga un problema grave no aparente para una persona lega. La mayoría de mascotas tienen algún tipo de pequeño defecto que nunca causará un verdadero problema.

Lamentablemente si tuviera un problema grave, debería considerar las consecuencias de conservar la mascota y los lazos de afecto formados, que quizá se romperían prematuramente. Tenga presente que hay muchos perros sanos que buscan buenas casas.

La primera revisión es una buena ocasión para conocer al veterinario y enterarse de las normas relativas a su horario y del modo de atender urgencias. Generalmente el criador, u otro dueño responsable de mascotas, le darán adecuadas referencias para localizar a un veterinario competente. Debe saber que no todos los veterinarios dan la misma calidad de servicio. No seleccione necesariamente la clínica menos cara, ya que existe la posibilidad de que eventualmente le cueste más a causa de un diagnóstico equivocado o de un tratamiento incorrecto. Si va a seleccionar un nuevo veterinario, tómese la libertad de pedirle una visita a su clínica. Todas las clínicas son centros de trabajo y, por tanto, no están disponibles todo el día para visitas, por lo cual conviene concertar previamente la visita. Usted estará más tranquilo si ve donde va a estar su mascota el día que necesite hospitalización.

EL EXAMEN FÍSICO

Su veterinario revisará el estado general de su mascota, lo cual incluye auscultar el corazón; controlar la respiración; palpar el abdomen, músculos y articulaciones; controlar la boca, lo cual comprende color de las encías y señales de afección en ellas así como detección de sarro; observar las orejas por si hay señales de infección o de garrapatas; examen

de los ojos; y, por último pero no menos importante, revisión del estado de la piel y del pelaje.

El veterinario le hará preguntas sobre los hábitos de comida y de evacuación de su mascota y le invitará a que le consulte cosas. Es buena idea preparar una lista para no olvidarse nada. Le indicará la dieta adecuada y las cantidades convenientes. Si su prescripción difiere de la de su criador, debe comunicárselo para ver si la aprueba. Si recomienda cambiar la dieta, ha de hacerlo gradualmente en el curso de varios días, para no causar alteraciones gastrointestinales. Es conveniente analizar una pequeña muestra de deposiciones para determinar si hay parásitos

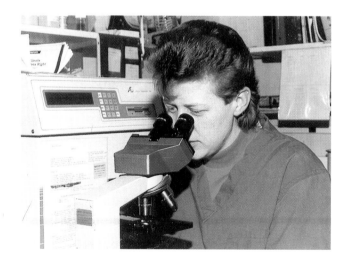

Los análisis de laboratorio son estudiados por veterinarios muy expertos. La mayoría de análisis pueden realizarse perfectamente en su propia clínica veterinaria.

Boxer acariciado por un mapache huérfano adoptado. Los mapaches salvajes pueden ser portadores del virus de la rabia y no deben entrar en contacto con su perro. Propietaria: Cynthia S. White.

intestinales. Dichas deposiciones deben ser recientes, preferiblemente de menos de 12 horas, dado que los huevos eclosionan rápidamente, y después de ello no serán visibles en el microscopio. Generalmente si su mascota no está restreñida, el técnico puede obtener una muestra en la clínica.

INMUNIZACIONES

Es importante que lleve el registro de vacunación de su cachorro en su primera visita. En caso de un cachorro, es de suponer que el criador haya cuidado de la administración de las vacunas antes de vendérselo. Las fechas de vacunaciones pueden diferir de un veterinario a otro. Puede ser que su cachorro haya recibido vacunaciones contra el moquillo, hepatitis, leptospirosis, parvovirus y parainfluenza cada dos o tres semanas desde la edad de cinco o seis semanas. Generalmente se efectúa por medio de una inyección combinada, que se conoce con las siglas del nombre de estas afecciones. Se administra al menos entre 12 y 14 semanas de edad, y se acostumbra a continuar con otra vacuna de parvovirus entre las 16 y 18 semanas. Quizá se pregunte el porqué son necesarias tantas inmunizaciones. Nadie sabe con seguridad cuando desaparecen los anticuerpos maternales en el cachorro, aunque se considera generalmen-

Hay que confiar siempre en un buen veterinario. Éste está curando una pata herida por pisar un cigarrillo encendido.

te que los anticuerpos del moquillo se pierden a las 12 semanas. Habitualmente los anticuerpos del parvovirus desaparecen entre las 16 y 18 semanas de edad. Sin embargo, es posible que ello suceda mucho más pronto o también más tarde. Por consiguiente, las inmunizaciones se inician a edad temprana. La vacuna no proporciona inmunidad mientras haya anticuerpos maternales.

La vacuna contra la rabia se administra entre los tres y los seis meses de edad, dependiendo de las leyes locales. Es recomendable

Los cachorros de Boxer reciben anticuerpos maternales a través de la leche de su madre hasta la edad de 12 a 18 semanas.

la vacunación contra la bordetella (tos canina), que puede administrarse en cualquier momento a partir de la edad de cinco semanas. No se suele vacunar contra el coronavirus a menos que haya un problema local. La vacuna contra la enfermedad de Lyme es necesaria en zonas endémicas. La enfermedad de Lyme está presente en numerosas zonas.

MOQUILLO

Prácticamente es una enfermedad incurable. Si el perro se recupera, está sujeto a graves desórdenes nerviosos. El virus ataca a todos los tejidos del cuerpo con síntomas de un resfriado malo con fiebre. Puede causar secreción nasal y lagrimeo, y produce alteraciones gastrointestinales, se pierde el apetito, y hay vómitos y diarrea. Son portadores del virus los mapaches, zorros, lobos, visones y otros perros. Los jóvenes y los mayores sin vacunar son muy susceptibles. Todavía es una enfermedad común.

HEPATITIS

Es un virus de máxima gravedad en perros muy jóvenes. Se propaga por contacto con un animal infectado o sus excrementos u orina. El virus afecta al hígado y a los riñones y sus características son fiebre alta, depresión y falta de apetito. Los animales que se recuperan pueden sufrir enfermedades crónicas.

LEPTOSPIROSIS

Es una enfermedad causada por una bacteria, que se transmite por contacto con la orina de un perro o una rata infectados, o de otro animal salvaje. Produce síntomas graves de fiebre, depresión, ictericia y hemorragia interna, y era mortal antes del descubrimiento de la vacuna. Los perros que se recuperan pueden ser portadores, y la enfermedad puede transmitirse de los perros a los seres humanos.

PARVOVIRUS

Se detectó por primera vez a finales de los años setenta y sigue siendo una enfermedad mortal. Sin embargo, con las vacunaciones adecuadas, un diagnóstico temprano y un tratamiento inmediato al principio, es una enfermedad curable. Ataca a la médula de los huesos y al tracto intestinal. Los síntomas son depresión, pérdida de apetito, vómitos, diarrea y postración. Es esencial una atención médica inmediata.

RABIA

Se propaga por la saliva y la transmiten los mapaches, las mo-

país o región, quienes anualmente establecen o no la obligación de vacunar contra la rabia a nuestras mascotas.

BORDETELLA (TOS CANINA)

Los síntomas son tos, estornu-

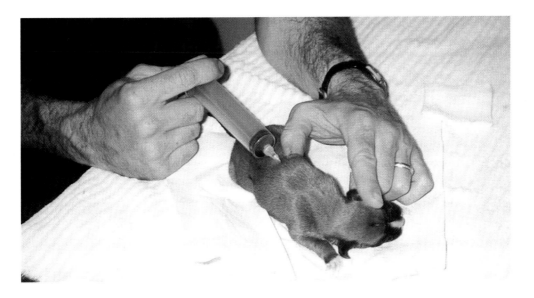

Este cachorro estaba debilitado. Está recibiendo una inyección subcutánea de líquido electrolítico estéril para hidratarle.

fetas, los zorros, otros perros y los gatos. Ataca el tejido nervioso, y causa la parálisis y la muerte. La rabia puede contagiarse a las personas. Hay que estar atentos a las disposiciones normativas de las autoridades sanitarias de cada

dos, tos seca y náuseas, acompañadas por secreción nasal, que habitualmente dura de unos pocos días a varias semanas. Hay diversos organismos patógenos responsables de esta enfermedad. Las vacunas actuales son útiles, pero no protegen contra todas las cepas. Generalmente no implica una amenaza vital, pero en algunos casos puede degenerar en una grave bronconeumonía. La enfermedad es altamente contagiosa. Debe administrarse rutinariamente la vacunación a aquellos perros que hayan estado en contacto con otros, después de una convivencia en perreras, clases de adiestramiento o visitas a la peluquería.

CORONAVIRUS

Habitualmente se cura por sí sola y no implica riesgo mortal. Se observó por primera vez a finales de los años setenta, aproximadamente un año antes que el parvovirus. El virus produce unas heces amarillas/marrones y puede presentarse depresión, vómitos y diarrea.

ENFERMEDAD DE LYME

Se diagnosticó por primera vez en los Estados Unidos en 1976, en Lyme, en personas que vivían en estrecha proximidad con la garrapata ciervo. Los síntomas pueden incluir cojera aguda, fiebre, hinchazón de las articulaciones y pérdida de apetito. Su veterinario puede aconsejarle si vive en una zona endémica.

Después que su cachorro haya recibido todas sus primeras vacunaciones, debe continuar revacunándole con la vacuna combinada para todas las enfermedades una vez al año. Es costumbre revacunar contra la rabia un año después de la primera vacuna y lue-

Una residencia canina de prestigio exigirá que los perros hayan sido vacunados contra la tos de las perreras con una antelación mínima de dos semanas con respecto a su estancia.

go, dependiendo de donde se viva, se le debe revacunar cada año o cada tres años. Depende de sus leyes locales. Las vacunas contra la enfermedad de Lyme y coronavirus han de repetirse anualmente, y es recomendable revacunar contra la bordetella cada seis u ocho meses.

VISITA ANUAL

Deseo destacar la importancia

pueden hacer más daño que bien unas vacunaciones incorrectas, posiblemente con vacunas inferiores y con una planificación errónea. Es más que probable que usted se preocupe verdaderamente por su perro compañero y que, al cabo de los años, haya dedicado mucho tiempo y dinero a su bienestar. Quizá no sea bastante consciente de que una vacunación no es sólo una vacunación. Impli-

La garrapata ciervo es el portador más común de la enfermedad de Lyme.

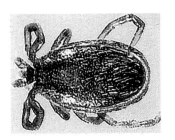

de la revisión anual, que debe incluir las revacunaciones, el control de los parásitos intestinales y el test de los gusanos del corazón. Actualmente, en nuestro agitado mundo todo son prisas, además de intentar conseguir mucho por poco. Increíblemente, algunos negociantes al margen de los veterinarios, han entrado en el negocio de las vacunaciones. A su perro le

ca mucho más. Por favor, siga con los exámenes físicos regulares. Para su veterinario es muy importante conocer a su perro, y esto es particularmente cierto durante su mediana edad hasta los años geriátricos. Es muy probable que, cuando su perro envejezca, necesite más de una revisión física anual. Esa revisión anual constituye una buena medicina preventiva. Por medio de un diagnóstico precoz, y con el subsiguiente tratamiento, su perro puede mantener una vida más larga y de mejor calidad.

PARÁSITOS INTESTINALES

ANQUILOSTOMAS

Son unos gusanos intestinales casi microscópicos que pueden causar anemia, y consiguientemente problemas graves, incluyendo la muerte, en los cachorros jóvenes. Los anquilostomas pueden transmitirse a los seres humanos a través de la penetración en la piel. Los cachorros pueden nacer con ellos.

ASCÁRIDES

Son gusanos en forma de espa-gueti que pueden causar una apariencia barrigona y un pelaje deslustrado, junto con síntomas más serios, tales como vómitos, diarrea y tos. Los cachorros los adquieren mientras están en el útero de la madre y a través de la lactancia. Tanto los anquilostomas como los ascárides pueden adquirirse por ingestión.

TRICOCÉFALOS

Estos gusanos tienen un ciclo de vida de tres meses, y no se adquieren a través de la madre. Causan diarrea intermitente, generalmente con mucosidad. Posiblemente sean los más difíciles de erradicar. Sus huevos son muy resistentes a la mayoría de factores ambientales y pueden permanecer latentes durante años hasta que las condiciones adecuadas les

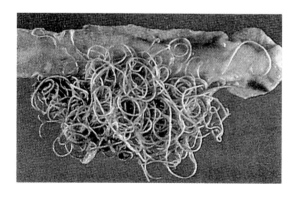

Los ascárides son gusanos en forma de espagueti que causan una apariencia barriguda y un pelaje deslustrado. Los síntomas más graves incluyen diarrea y vómitos.

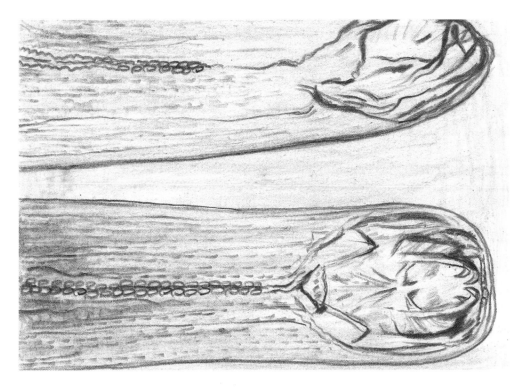

Los anquilostomas son gusanos intestinales casi microscópicos que pueden causar anemia y, por consiguiente, problemas graves, incluyendo la muerte.

permitan madurar. Raramente se ven en los excrementos.

Los parásitos intestinales predominan más en unas zonas que en otras. El clima, la suciedad y la contaminación son grandes factores que contribuyen a la incidencia de parásitos intestinales. Los huevos pasan a las heces, se depositan en el suelo y permanecen infecciosos cierto número de días. Cada uno de los parásitos anterio-res tiene un ciclo diferente de vida. Para aumentar las probabilidades de permanecer libre de parásitos, conviene airear con pala y limpiar la tierra y el suelo de su jardín. Una valla impedirá que penetren perros vagabundos, lo cual realmente es útil.

Recomiendo efectuar un examen fecal de su perro dos veces al año, o más frecuentemente si hay un problema. Si la muestra fecal

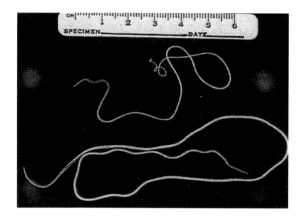

Dirofilarias adultas macho y hembra. Causan una enfermedad que pone en riesgo la vida, cuyo tratamiento es caro, aunque es fácil prevenirla.

de su perro es positiva, hay que suministrarle la medicación apropiada, y deberá aportar de nuevo otra muestra de heces al cabo de cierto periodo de tiempo (dependiendo del tipo de gusano) y luego desparasitar si es necesario. Este proceso ha de seguir hasta que se obtengan al menos dos muestras negativas. Los diferentes tipos de gusanos requieren medicaciones distintas. Despilfarraría su dinero y cometería una injusticia con su perro si comprase por su cuenta cualquier medicamento sin consultar antes con su veterinario.

OTROS PARÁSITOS INTERNOS

COCCIDIOSIS Y GIARDIASIS

Estas infecciones por protozoos afectan habitualmente a los cachorros, especialmente en lugares donde se juntan gran número de ellos. Los perros de más edad pueden albergar estas infecciones, pero no muestran señales a menos que estén sometidos a tensiones. Los síntomas incluyen diarrea, pérdida de peso y falta de apetito. Estas infecciones no se detectan siempre en el examen fecal.

TENIAS

Raramente visibles en las heces fecales, se diagnostican a menudo como segmentos de granos de arroz alrededor del ano del perro y de la base de la cola. Las tenias son largas, planas y en forma de cinta, algunas veces de varios palmos de longitud, y formadas por segmentos de aproximadamente un centímetro y medio de largo. Los dos tipos más comunes de tenias que se hallan en los perros son:

(1) Primero, la forma de larva de la tenia de la pulga debe madurar en un huésped intermedio, la pulga, antes de poder llegar a ser infecciosa. Su perro la adquiere ingiriendo pulgas al lamer y rascarse.

(2) Los conejos, los roedores y ciertos animales grandes de caza sirven como huéspedes intermedios para otras especies de tenias. Si su perro come uno de estos huéspedes infectados, puede contagiarse de tenias.

GUSANOS DEL CORAZÓN

Son unos gusanos que residen

Diagrama de la pulga del gato.

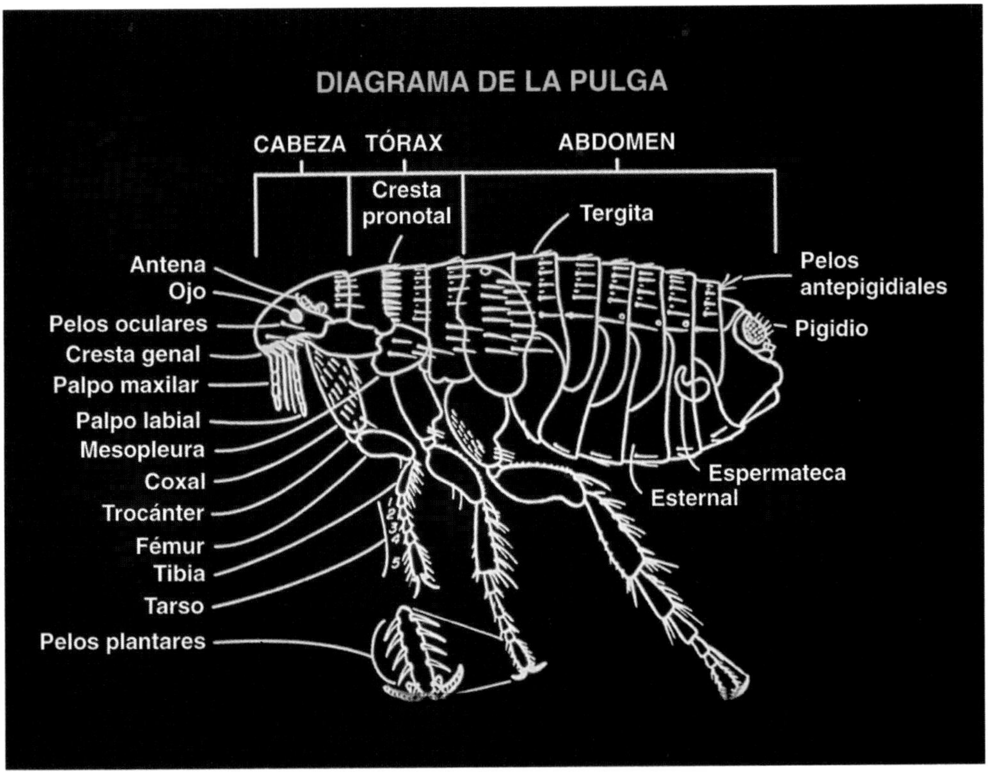

DIAGRAMA DE LA PULGA

CABEZA TÓRAX ABDOMEN

Cresta pronotal
Tergita
Antena
Ojo
Pelos oculares
Cresta genal
Palpo maxilar
Palpo labial
Mesopleura
Coxal
Trocánter
Fémur
Tibia
Tarso
Pelos plantares
Pelos antepigidiales
Pigidio
Espermateca
Esternal

en el corazón y vasos sanguíneos adyacentes del pulmón, que producen microfilaria, que circula por la corriente de la sangre. Es posible que un perro esté infectado por un número de gusanos entre uno y un centenar, que pueden tener una longitud de 15 a 35 centímetros. Es una enfermedad que pone en peligro la vida, cara de tratar y fácil de prevenir. Dependiendo de donde se viva, el veterinario puede recomendar todo un año de prevención, y un análisis de sangre anual o semestral. La prevención más común se suministra una vez cada mes.

PARÁSITOS EXTERNOS

PULGAS

Esta plaga no sólo es el peor enemigo del perro, sino también es enemigo de la cartera del dueño. La prevención es menos cara que el tratamiento, pero a pesar de ello creo que preferiríamos gastar nuestro dinero en otra parte. Supongo que la mayoría de nuestros perros son alérgicos a la picadura de una pulga, y en muchos casos sólo se necesita una picadura. La proteína en la saliva de la pulga es la culpable. Los perros alérgicos tienen una reacción, que

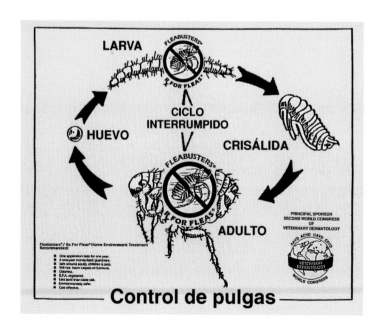

Bajo condiciones ideales las pulgas pueden completar su ciclo de vida en tres semanas.

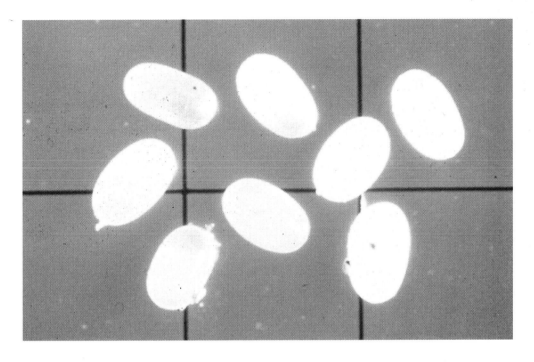

Las pulgas ponen sus huevos sobre el perro, pero caen fácilmente en cualquier sitio y deben ser erradicados.

usualmente pone en apuros. Lo más probable es que esa reacción implique una visita al veterinario para tratamiento. Realmente la prevención es menos cara. Afortunadamente en la actualidad existen varios buenos productos.

Si hay una infestación de pulgas, ningún producto va a corregir el problema. No sólo necesitará tratamiento el perro, sino también el entorno. Por lo general, los collares antipulgas no son muy efi-caces, aunque ahora existe un collar «antihuevos» que matará los que tenga el perro. Las inmersiones son los procedimientos más económicos, pero son chapuceras. Hay algunos champúes y tratamientos eficaces disponibles a través de tiendas especializadas y de veterinarios. A partir de 1994 se ha extendido en Europa y en América el uso de una tableta oral. Esteriliza a la pulga hembra, pero no mata a las pulgas adultas. Así

141

pues, la tableta, que se suministra mensualmente, disminuye la población de pulgas, pero no es un «curalotodo». Los perros que sufren de alergia a la picadura de la pulga, todavía seguirán padeciendo las consecuencias. Otro parasiticida popular es permethrin, que se aplica en el dorso del perro en uno o dos lugares, según el peso del animal. Este producto actúa como repelente haciendo que las pulgas huyan apresuradamente. No confundir este producto con algunos de los fosfatos orgánicos que también se aplican sobre el dorso del perro.

Algunos productos no pueden usarse con los cachorros. El tratamiento contra las pulgas debe efectuarse bajo supervisión del veterinario. Frecuentemente es necesario combinar productos y el lego no tiene los conocimientos necesarios con respecto a su posible toxicidad. Es difícil de creer, pero hay algunos perros que tienen una resistencia natural ante las pulgas. Sin embargo, es prudente tratar a todas las mascotas al mismo tiempo. No olvide a sus gatos. A los gatos les gusta rondar por la vecindad, y consiguientemente vuelven con huéspedes indeseables.

Las pulgas adultas viven sobre el perro, pero sus huevos caen del perro en el entorno. Allí pasan cuatro etapas larvarias antes de llegar al estado adulto, con lo cual están a punto para saltar de nuevo sobre el pobre y confiado perro. Se reanuda el ciclo, que dura entre 21 y 28 días bajo condiciones

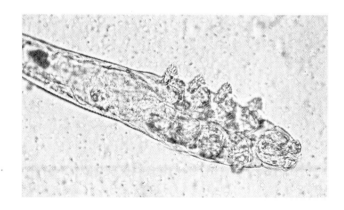

El ácaro demódex pasa de la madre a sus cachorros. Afecta a los jóvenes entre las edades de tres y diez meses.

142

ideales. Hay productos ambientales que matarán tanto a las pulgas adultas como a las larvas.

GARRAPATAS

Las garrapatas son portadoras de la fiebre de las Montañas Rocosas, de la enfermedad de Lyme y pueden causar parálisis. Deben ser extraídas con tenacillas, tratando de arrancar también la cabeza. Las mandíbulas portan la enfermedad. Hay un collar preventivo contra garrapatas que funciona excelentemente. Las garrapatas retroceden automáticamente en los perros que llevan esos collares.

SARCOPTO DE LA SARNA

Es un ácaro difícil de localizar en la piel. El reflejo del pabellón de la oreja es un buen indicador de esta enfermedad. Frote las puntas de las orejas y el perro empezará a rascarse con su pie. Los sarcoptos son muy contagiosos, tanto para otros perros como para las personas, aunque no viven mucho tiempo sobre estas últimas. Causan una intensa comezón.

DEMÓDEX DE LA SARNA

Es un ácaro que pasa de la ma-

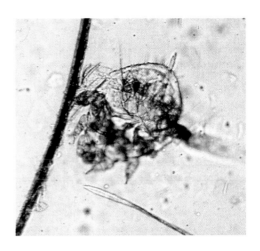

Los sarcoptos son altamente contagiosos para los otros perros y para las personas, aunque no viven mucho tiempo sobre ellas. Causan una comezón intensa.

dre a sus cachorros. Afecta a los jóvenes de tres a diez meses. El diagnóstico se confirma al rascarse la piel. Llegan a hacerse visibles pequeñas áreas de alopecia alrededor de los ojos, los labios y/o las patas anteriores. Hay poca comezón, a menos que se presente una infección bacteriana secundaria. Algunas razas se ven más afectadas que otras.

CHEILETIELLA

Este parásito causa una intensa picazón y se puede diagnosticar ante el síntoma de rascarse la piel. Vive en las capas externas de la piel de los perros, gatos, conejos y personas. Pueden hallarse escamas de color amarillo-gris en el dorso y en la grupa, en la parte superior de la cabeza y en la trufa.

CRIAR O NO CRIAR

En EE.UU. es probable que su cuidador le solicite que castre o esterilice a su cachorro. La petición de estos criadores, se basa en que creen que es más sano para su perro y más beneficioso para su raza. Los criadores expertos y conscientes dedican muchos años a desarrollar un linaje. Para ello, hacen todos los esfuerzos posibles para planificar cada cría en lo concerniente a su aspecto morfológico, temperamento y salud. Este tipo de criador hace todo lo posible para efectuar los tests necesarios (por ejemplo, análisis de sangre para observar si hay enfermedades congénitas, afecciones del tiroides, etc.). Los análisis son caros y algunas veces muy decepcionantes cuando un perro predilecto no los pasa satisfactoriamente. La historia sanitaria no sólo abarca a la pareja reproductora sino a sus antecesores inmediatos. Los criadores responsables no desean que su progenie críe indiscriminada-

mente. Por supuesto, siempre hay una excepción, y su criador puede estar de acuerdo en dejar que su perro críe bajo su directa supervisión. Es un concepto importante. Cada vez se dedican más esfuerzos para criar perros más sanos.

CASTRAR/ESTERILIZAR

En muchos países las leyes de Protección de los Animales Domésticos prohíben todo tipo de castración/esterilización, sancionando gravemente acciones que vulneren las normas establecidas; sólo si existe un problema de salud de nuestra mascota se permite la intervención. Pero ciertos criadores en EE.UU. plantean la existencia de ventajas en esta intervención quirúrgica a los seis meses de edad. Las hembras no esterilizadas están expuestas a cáncer de mama y de ovarios. Para evitar el cáncer de mama, se le deben extirpar los ovarios antes de su primer celo. Posteriormente, una hembra sin esterilizar puede desarrollar una piómetra (un útero infectado), que implica un riesgo vital.

La castración se realiza bajo anestesia general y es fácil en la perra joven. Tal como puede suponerse, es algo más difícil en la perra de más edad, pero no hay razón para negarle la operación. La cirugía le extrae los ovarios y el útero. Es importante extraer todo el tejido de los ovarios. Si se dejase una parte, podría seguir siendo atractiva para los machos. Para acceder a los ovarios, es necesaria una incisión bastante larga. Una ovariohisterectomía se considera cirugía mayor.

Castrar al macho a una edad temprana inhibirá algunas características de su comportamiento que los propietarios desaprueban. He comprobado que mis perros no levantan sus patas y marcan su territorio si han sido castrados a los seis meses de edad. Además, la castración a edad temprana tiene beneficios hormonales, disminuyendo las probabilidades de agresividad hormonal.

La cirugía implica extraer los

Si no está completamente preparado para los altos costes y los cuidados que implica hacer criar a su Boxer hembra, no la haga criar.

testículos pero dejar el escroto. Si quedase retenido un testículo, es preciso extraerlo definitivamente antes de la edad de dos o tres años. Los testículos retenidos pueden desarrollar cáncer. Los machos enteros corren el riesgo de cáncer de testículos, fístulas perineales, tumores y fístulas perianales y afección de próstata.

A usted que convive con su mascota y la mantiene con unos hábitos higiénicos regulares no es normal que le ocurra, pero si no le impone norma alguna de comportamiento, puede que alguna vez los machos y las hembras intactos muestren propensión a producir accidentes que alteran esos buenos hábitos higiénicos en el hogar. Las hembras orinan frecuentemente antes, durante y después del celo, y los machos tienden a marcar el territorio si hay una hembra en celo. Los machos pueden exhibir el mismo comportamiento si hay un perro visitante o huéspedes.

La intervención quirúrgica para esterilizar sigue un proceso equivalente a la cirugía humana, en cuanto a afeitar, desinfectar y vendar. El veterinario utiliza una bata quirúrgica estéril, gorro, mascarilla y guantes. La anestesia debe ser controlada por un experto. El veterinario acostumbra recomendar un análisis de sangre previo a la anestesia, por si hubiera problemas metabólicos, y un electrocardiograma para revisar la función normal del corazón. Actualmente los anestésicos empleados son iguales que los humanos, lo que permite que su perro salga de la clínica el mismo día de la operación.

Algunas personas se preocupan ante la posibilidad de que sus perros engorden después de haber sido castrados o esterilizados. Generalmente no suele suceder. Es cierto que algunos perros pueden mostrarse menos activos, lo cual quizá represente un problema, pero mis propios perros siguen siendo tan activos como antes de la operación quirúrgica. Procuro siempre que mantengan su peso. Sin embargo, si su perro empieza a engordar, es necesario que disminuya su ración de comida y que le haga hacer algo más de ejercicio. Recuerde siempre que antes de cualquier planteamiento definitivo, debe revisar la ley de Protección de los Animales Domésticos que le afecte.

CUIDADOS DENTALES
para la vida de su perro

¡Ya tiene un nuevo cachorro! También tiene una nueva serie de dientes de cachorro en su casa. Toda persona que haya criado a un cachorro conoce sobradamente los problemas de los nuevos dientes. Su cachorro mascará todo lo que pueda alcanzar, cazará los cordones de sus zapatos y jugará a hacer jirones cualquier trozo de tela que encuentre. Los cachorros recién nacidos no tienen dientes. Alrededor de las cuatro semanas de edad, a los cachorros de la mayor parte de razas les empiezan a salir los dientes de leche. Comienzan a comer alimentos semisólidos, a luchar y a morder con sus hermanos de camada, y a aprender disciplina de su madre. A medida que les salen los dientes, causan dolor en las mamas de su madre, por lo cual sus sesiones de alimentación son menos frecuentes y más cortas. Entre las seis y las ocho semanas, la madre empezará a gruñir para advertir a sus cachorros cuando se peleen demasiado rudamente o le hagan daño al mamar con sus nuevos dientes.

Los cachorros necesitan mascar. Forma parte necesaria de su desarrollo físico y mental. Así de-

Jugar con una Nylaball® constituye una gran diversión para su cachorro de Boxer. Las pelotas hechas de nylon son prácticamente indestructibles. En la foto Jeff Michals y Bosco.

147

sarrollan músculos y habilidades necesarias para la vida cuando arrastran objetos, luchan por su posesión y vocalizan señales de alerta y advertencia. Los cachorros mascan cosas para explorar su mundo. Utilizan su sentido del gusto para determinar cuáles cosas son alimento y cuáles no. ¿De qué otro modo podrían diferenciar un cable eléctrico de una lagartija? Alrededor de los cuatro meses de edad, la mayoría de cachorros empiezan a mudar sus dientes de leche. A menudo estos dientes necesitan alguna ayuda para extraerlos y dejar paso a los dientes permanentes. Los incisivos (dientes delanteros) son los que primero se reemplazan. Luego brotan

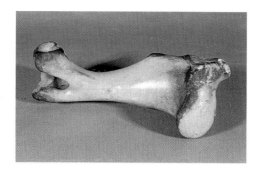

Algunas tiendas venden huesos auténticos que se presentan coloreados, cocinados, resecados o naturales. Algunos son enormes, pero generalmetne el perro los destruye fácilmente, y llegan a ser muy peligrosos.

El cuero crudo es problabemente el producto más vendido para que los perros masquen. Puede ser peligroso y hacer que el perro se atragante cuando está húmedo.

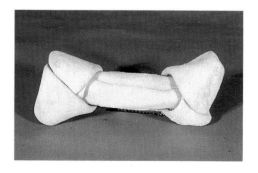

los caninos adultos. Cuando el diente de leche no se cae antes de que salga el diente permanente, los veterinarios lo denominan diente caduco retenido. Esto causa frecuentemente infecciones en las encías al quedar atrapado pelo y suciedad entre el diente permanente y el de leche retenido. Nylafloss® es un producto excelente para los cachorros. Pueden agitarlo, estirarlo y mascar en las muchas superficies que presenta. Los dientes de leche pueden engancharse en el material de nylon, ayudando en su extracción. Los cachorros que tienen juguetes adecuados para mascar tendrán

148

Los Nylabone® no sólo proporcionan a su Boxer un buen ejercicio para mascar, sino también ayudan a conservar sanos sus dientes. Propietario: Rick Tomita.

un comportamiento menos destructivo, se desarrollarán más físicamente, y será menos probable que presenten dientes caducos retenidos.

Durante el primer año, el veterinario debe visitar a su perro a intervalos periódicos. Le indicará cuándo se ha de vacunar al cachorro, y cuándo se han de realizar los exámenes de parásitos. En cada visita el veterinario debe inspeccionar los labios, dientes y boca como parte de un examen físico completo. Usted debe contribuir al mantenimiento de la salud oral de su perro. Debe examinar semanalmente la boca de su perro durante el primer año para comprobar que no haya llagas, objetos extraños,

problemas dentales, etc. Si su perro babea excesivamente, sacude la cabeza, o tiene mal aliento, consulte con su veterinario. Cuando su perro tenga seis meses de edad, ya tendrá todos los dientes permanentes, y puede empezar a acumularse el sarro en su superficie. En ese momento su perro debe adquirir hábitos de buena higiene dental para prevenir cálculos en sus dientes. Lo mejor es el cepillado. Es algo innegable. Sin embargo, a algunos perros no les gusta que les cepillen regularmente los dientes, o quizás usted no pueda realizar la tarea. En ese caso, debe estudiar la utilización de un producto que le ayude a prevenir el sarro y la caries.

Estos cachorros, criados por el autor, están compartiendo un hueso del deseo Gumabone®. Estos juguetes para mascar se presentan en una variedad de formas y colores, y a los Boxers les encanta mascarlos.

Nunca dé a su Boxer un juguete para estirar de algodón, pues el algodón es orgánico y se pudre.

Ciertos productos, tales como Plaque Attackers® y Galileo Bone® son otras opciones excelentes para los tres primeros años de vida de un perro. Sus formas los hacen interesantes para el perro. Cuando los masca, el poliuretano sólido masajea las encías, lo cual mejora la circulación sanguínea de los tejidos periodontales. Los salientes de estos productos aumentan la superficie y están en contacto con los dientes para proporcionar una limpieza más eficaz. Su forma singular y su consistencia impiden que su perro ejerza excesiva fuerza sobre sus propios dientes o que

resquebraje el hueso. Si su perro es un mascador agresivo o pesa más de 25 kilogramos, debe estudiar la posibilidad de proporcionarle un Nylabone®, el producto para mascar más duradero del mercado.

El Gumabone®, fabricado por Nylabone Company, está hecho de poliuretano fuerte, que es más blando que el nylon. Los mascadores menos poderosos prefieren los Gumabone® a los Nylabone®. Una opción superior para su perro es el Hercules Bone®, en forma singular de hueso, denominado así en recuerdo del héroe mitológico por su

El cuero crudo puede ser peligroso y hacer que su perro se atragante si lo ingiere húmedo. Un producto nuevo, cuero crudo moldeado, denominado Roar-Hide®, de Nylabone®, es muy seguro para los perros.

excepcional fortaleza. Como todos estos productos, están aromatizados especialmente para hacerlos atractivos para su perro. Pregunte a su veterinario por estos huesos, y él confirmará la prescripción médica: no sólo proporcionan un buen ejercicio de masticación a su perro, sino también contribuyen a preservar sus dientes (e incluso su vida, ya que le protegen de posibles enfermedades periodontales fatales).

Cuando los perros tienen cuatro años de edad, el 75 % de ellos padecen enfermedades periodontales. Es la infección más común en los perros. Es esencial que su veterinario realice revisiones anuales para mantener la buena salud de su perro. Si detecta una enfer-

medad periodontal, le recomendará un limpiador profiláctico. Para una limpieza completa, será necesario anestesiar a su perro. Con los anestésicos gaseosos modernos y con equipo de control, el procedimiento es muy seguro. El veterinario procederá a la limpieza de los dientes con un aparato de ultrasonidos o con un instrumento manual. Esto extrae el sarro de los dientes. Si hay depósitos de sarro debajo de la línea de las encías, el veterinario allanará las raíces para suavizarlas. Una vez extraído todo el sarro, se pulen los dientes con piedra pómez. Si es necesario algún tratamiento médico o quirúrgico, se efectúa con esta ocasión. La fase final es un tratamiento con flúor y un se-

El Nylabone® de chocolate tiene una finísima capa de chocolate debajo de la piel de nylon. Cuando el Boxer lo masca, queda a la vista la subcapa blanca.

guimiento en casa. Si la afección periodontal está avanzada, el veterinario puede prescribir enjuagues bucales o antibióticos para utilizar en casa. Encárguese de que su perro tenga juguetes y golosinas de mascar seguros, limpios y atractivos. Los productos Chooz® son otro medio de utilizar una golosina de consumo que ayude a mantener limpios los dientes de su perro.

El cuero crudo es el más popular de todos los materiales de mascar para un perro. Sin embargo, constituye una preocupación para los propietarios, debido a que, por naturaleza, es muy peligroso para los perros. Miles de ellos han muerto por su causa, al tragarse el cuero después de haberse reblandecido, produciendo un bloqueo en estómago e intestinos. En el

mercado hay un nuevo producto que ha resuelto por fin el problema del cuero crudo: el hueso moldeado Roar-Hide® de Nylabone. Está compuesto de cuero crudo tratado, despedazado y fundido, inyectado en la forma preferida por su perro: un hueso. Huele y sabe a cuero crudo, pero no se desmenuza. Los rebordes de los huesos ayudan a combatir la formación de sarro en los dientes, y duran diez veces más que los productos habituales de cuero crudo para mascar.

A medida que su perro envejezca, las revisiones profesionales y la limpieza deben efectuarse más frecuentemente. Se debe inspeccionar la boca al menos una vez al año. El veterinario quizá le recomiende visitas cada seis meses. En el paciente geriátrico, órganos

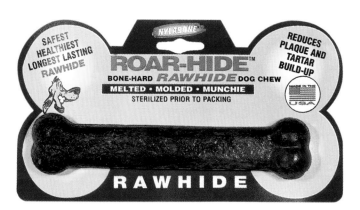

Premie a su Boxer con algo que le guste y que sea recomendable para su salud, como los huesos comestibles Roar-Hide de Nylabone, fabricados con ingredientes 100 % naturales, tienen un alto porcentaje de proteínas, y están exentos de aditivos, conservantes o colorantes.

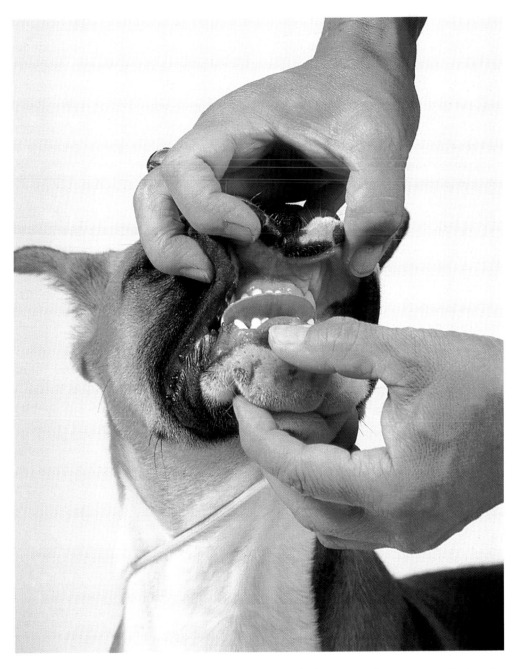

A medida que su Boxer cumpla años, debe ser más frecuente el examen profesional y la limpieza de sus dientes. Debe revisarse la boca al menos una vez al año.

tales como el corazón, el hígado y los riñones no funcionan tan bien como cuando son jóvenes. Probablemente su veterinario comprobará el funcionamiento de estos órganos antes de utilizar anestesia general para la limpieza dental. Si su perro es buen mascador, y usted trabaja estrechamente con su veterinario, puede conservar la dentadura completa toda su vida. Sin embargo, a medida que envejezca, disminuirán sus sentidos del olfato, la vista y el gusto. Quizá no tenga ganas de cazar, atrapar o mascar sus juguetes. Quizá ni siquiera tenga energía para mascar durante periodos largos, pues la artritis y las afecciones periodontales hacen doloroso el acto de mascar. Esto confiere al dueño más responsabilidad con respecto a mantener limpios y sanos los dientes del perro. Tal vez el perro que no se dejaba cepillar los dientes cuando tenía un año de edad, se los deje cepillar cuando tiene diez años.

Si enseña a su perro buenos hábitos de mascar cuando es cachorro, tendrá dientes más sanos toda su vida.

Nylafloss® es un producto excelente para los cachorros. Pueden estirarlo, arrastrarlo y mascarlo.

COMPORTAMIENTO

y comunicación canina

Los estudios sobre los nexos entre los hombres y los animales destacan la importancia de las relaciones singulares que existen entre las personas y sus mascotas. Quienes compartimos nuestra vida con mascotas comprendemos el papel especial que juegan con su compañía, servicio y protección.

Las personas adultas se interesan más por sus propios hábitos de comida cuando tienen la responsabilidad de alimentar a un perro. Al ver que su perro se ejercita rutinariamente, el propietario se anima y piensa considerar algunos programas que, de otro modo, podrían parecer poco importantes para un ciudadano corriente. Una persona mayor artrítica, aunque se sienta mal, será bastante responsable con respecto a su perro, y eso le motivará para levantarse y moverse. Constituye un valor añadido el que el perro busque atención y se la pida a su dueño.

En las dos últimas décadas se ha demostrado que las mascotas alivian el estrés de las personas que viven vidas agitadas. Se sabe que la tenencia de un animal de compañía disminuye la incidencia de ataques al corazón.

Muchas personas solteras viven felizmente en compañía de un perro. El estilo de vida ha cambiado mucho en los últimos años, y en la actualidad cada vez hay más personas que viven solas. Sin embargo, tener un perro les proporciona muchas satisfacciones.

Muy probablemente la mayoría de nuestros perros viven en entornos familiares. La compañía que proporcionan compensa ampliamente los esfuerzos que implican. En mi opinión, todos los niños deberían tener oportunidad de tener un perro en la familia. Los perros enseñan responsabilidad por medio de la comprensión de sus cuidados, sentimientos, e incluso respeto de sus ciclos vitales. Frecuentemente los niños que no han convivido con perros, crecen teniéndoles miedo, y eso no es bueno. Los perros perciben el temor y algunos se aprovechan de la situación.

Actualmente hay más perros en misiones de servicio. Además de la organización de perros guías para ciegos, que se inició hace unos años, también se adiestran a perros escucha para sordos. A otros perros se les adiestra para que presten servicio a discapacitados físicos y pueden realizar muchas tareas diferentes para sus dueños. Los perros de búsqueda y rescate, con sus cuidadores, se desplazan por todo el mundo para colaborar en la recuperación de víctimas de catástrofes. Salvan vidas humanas.

Los perros de terapia son muy populares en residencias para la tercera edad, y en algunos hospitales incluso autorizan su visita. A los residentes les suelen encantar esas visitas. He llevado a un

El nexo hombre/animal es el sistema de relaciones únicas que las personas comparten con sus mascotas. En la foto Natalia Robbins y Australian Ch. Tobana Chattahoochee.

Éste es Ch. Sjecoin Winter, un Boxer de diez años y medio, con algunos amigos de la vecindad. Los perros enseñan responsabilidad a los niños correspondiendo a sus cuidados.

par de mis perros a esas visitas y se me han saltado las lágrimas cuando he visto la respuesta de los pacientes. Querían que se les permitiera tener a mis perros al lado de su cama para acariciarles y demostrarles cariño.

En algunos países organizan semanas de concienciación canina, para educar a los estudiantes y a otras personas acerca del valor y de los cuidados básicos de nuestras mascotas. También en algu-

nos sitios se autoriza a los animales de compañía a entrar con sus dueños en restaurantes y tiendas, etc. Sin embargo, es una opción muy restringida y, por ejemplo, en los Estados Unidos sólo se autoriza a los perros de servicio. En Inglaterra se puede viajar sin problemas con un perro en el metro y en el tren, pero, recuerde que la cuarentena de los animales domésticos para entrar al país, es de seis meses. Aun así, es muy elevada nuestra opinión de la relación persona/animal.

COMPORTAMIENTO CANINO

Los problemas de comportamiento canino son la primera razón por la cual los dueños de mascotas se deshacen de sus perros, ya sea dándoles a nuevos hogares, a sociedades protectoras, ya sea recurriendo a la eutanasia. Lamentablemente hay demasiados propietarios que no están dispuestos a dedicar el tiempo necesario para adiestrar correctamente a sus perros. Por otra parte, hay otros que no sólo están interesados por los problemas hereditarios de salud, sino también se preocupan por la estabilidad mental del perro.

Puede apreciarse que una raza y sus parientes de grupo (p. ej., pastores, cazadores, etc.) muestran tendencias a ciertas características de comportamiento. Un criador experto puede informarle sobre la personalidad de su raza. Lamentablemente se etiqueta a muchas razas atribuyéndoles mal temperamento, cuando la realidad es que eso no responde al conjunto de la raza, sino a un pequeño porcentaje de individuos.

Si la raza en cuestión es muy popular, por supuesto puede haber un mayor número de perros

Morder puede ser un problema en algunos cachorros. Si el cachorro muerde demasiado fuerte, dígale «tranquilo» y hágale saber que le está haciendo daño. Propietarios, familia Michals.

Todo niño debería tener oportunidad de tener un perro en la familia. Propiedad de Verena Jaeger.

inestables. No encasille a una raza como buena o mala. Conozco casos de perros con temperamento absolutamente horrible dentro de una de nuestras razas más populares y adorables.

La herencia y el medio ambiente contribuyen al comportamiento del perro. Algunas personas ingenuas creen que la endogamia es la causa de los malos temperamentos. La endogamia sólo produce mal comportamiento si los antepasados ya tenían ese rasgo. Si los temperamentos de los perros son excelentes, entonces la endogamia promoverá buenos temperamentos en los descendientes. ¿Ha considerado alguna vez que la endogamia es lo que fija las características de una raza? Un perro de pura raza es su resultado final. Esto no exceptúa de los mismos problemas al perro de raza

161

mezclada. Los perros de raza mixta son frecuentemente la progenie de perros de pura raza.

Al planificar una cría, me gusta observar al semental potencial y a su progenie en el ring de una exposición de belleza. Si veo un comportamiento irregular, procuro averiguar algo más, y saber si es genético o ambiental, debido a la falta de adiestramiento y sociabilización. Un buen criador evitará criar perros mentalmente insanos.

No hace demasiadas décadas que la mayoría de nuestros perros

llevaban un estilo de vida diferente al que prevalece actualmente. Generalmente la mujer era exclusivamente ama de casa, y el perro tenía compañía humana y alguien que le corregía si era necesario. No se esperaba mucho del perro. Actualmente la mujer trabaja fuera de casa y el ritmo de vida es mucho más rápido.

Quizás el perro tenga que adaptarse a ser un perro de «fin de semana». La familia está fuera todo el día durante la semana, y el perro se queda a su aire para entretenerse. Algunos perros duermen

Nadar puede ser un buen ejercicio para su Boxer. Éste es Jacquet's Mickey Mouse, propiedad de Lucie Lecomte y Nicole Haineault.

Boxers jugando en la nieve en Noruega. Procure siempre encontrar tiempo para que sus perros hagan ejercicio diariamente –sin exceptuar la estación invernal.

todo el día esperando que su familia vuelva a casa, y otros se convierten en demoledores si tienen oportunidad. Las jaulas proporcionan seguridad al perro y a la casa. Sin embargo, podría llegar a quedar física y emocionalmente afectado si no realiza bastante ejercicio y recibe adecuada atención. Apreciamos y deseamos la compañía de nuestros perros, aunque esperamos más de ellos. En muchos casos tendemos a olvidar que los perros son solamente eso –perros, no seres humanos.

Dejo a varios de mis perros en jaulas durante el día, pero intento tener tiempo para ellos por las tardes y durante los fines de se-

mana. También procuramos hacer algo juntos antes de que me vaya al trabajo cada día. Quizá les ayude tener la compañía de otros perros. Aceptan sus jaulas como su «casa» personal y parecen estar contentos con su rutina y prosperan haciendo todo lo posible por complacerme.

SOCIABILIZACIÓN Y ADIESTRAMIENTO

Muchos compradores potenciales de cachorros carecen de experiencia con respecto a la sociabilización y al adiestramiento adecuados que se necesitan para desarrollar el tipo de mascota que todos deseamos. En los 18 primeros meses, el adiestramiento exige cierto trabajo. Créame, es más fácil empezar con un adiestramiento correcto antes de que se presente un problema que se deba corregir.

La tarea inicial empieza con el criador, el cual debe comenzar a sociabilizar al cachorro entre las cinco y seis semanas de edad y no puede cesar. La sociabilización humana es crítica alrededor de las 12 semanas de edad e igualmente importante durante los meses siguientes. Hay que dejar juntos a los cachorros de la misma camada durante las primeras semanas, pero es necesario separarles a las diez semanas de edad. Si se les deja juntos después de esa edad, aumenta la competencia por el dominio jerárquico. Si

El periodo entre las ocho y las diez semanas está lleno de temores para los cachorros. Es importante tratarles con cariño y evitar una disciplina dura durante ese periodo. Cachorro criado por el autor.

los cachorros no se sociabilizan con las personas alrededor de las 12 semanas de edad, más adelante serán tímidos.

Entre las ocho y diez semanas de edad es un periodo de temor para los cachorros. Tienen necesidad de que los niños y los adultos les traten muy amablemente. Durante este periodo no se les deben imponer castigos duros. A las 14 semanas de edad el cachorro inicia el periodo juvenil, que finaliza cuando alcanza la madurez sexual, entre los 6 y los 14 meses de

Hay que dejar juntos a los hermanos de camada durante las primeras semanas para una sociabilización correcta, pero es muy beneficioso prestarles atención individual a partir de las diez semanas de edad. Cachorros criados por el autor.

edad. Durante el periodo juvenil necesita que le presenten a extraños (adultos, niños y otros perros) al ámbito del hogar. Al llegar a la madurez sexual empezará a ladrar a los extraños y se volverá más protector. Los machos comienzan a levantar la pata para orinar, pero, si lo desea, puede inhibir este comportamiento paseándole sujeto con correa, lejos de árboles, matorrales, vallas, etc.

Quizás haya pensado en un cachorro mayor. Debe enterarse de la experiencia social del cachorro. Si ha vivido en una perrera, puede ser algo difícil adaptarle a las personas y a los estímulos ambientales. Suponiendo que haya tenido una buena educación social y algún contacto con personas, un cachorro mayor presenta ciertas ventajas.

La educación inicial del cachorro incluye un mínimo de una o dos clases básicas de obediencia, durante las cuales usted aprenderá a dominarle. Esto es particularmente importante si tiene un perro de raza grande. Para algunos propietarios es algo más difícil, tal vez casi imposible, ser el individuo alfa cuando su perro se encumbra sobre ellos. Debe aprender el modo de reprimir correctamente a su perro. Este concepto es importante. De nuevo le coloca a usted en la posición alfa. Todos los perros deben ser reprimidos muchas veces durante su vida. Tanto si lo cree como si no, algunos de nuestros peores transgresores son los cachorros de ocho semanas de edad que nos traen a nuestra clínica. Se les debe reprimir suavemente para cortarles las uñas, pero, por la forma en que siguen comportándose, cualquiera creería que les estamos matando. En comparación con eso, su vacunación es una delicia. Cuando pedimos a los perros que hagan algo que no les gusta, surge al exterior su faceta peor. La vida será más fácil para su perro si le expone desde edad temprana ante las necesidades de la vida –con un comportamiento correcto y con reprensiones oportunas.

COMPRENSIÓN DEL LENGUAJE DEL PERRO

La mayoría de expertos están de acuerdo en que el perro es un descendiente del lobo. El perro y el lobo tienen rasgos similares. Por ejemplo, ambos prefieren vivir

La reverencia para jugar es una invitación para luchar en broma, «boxear» y diversión en general. Éste es Ch. Tudossals Whizzard Of Laurel Hill, propiedad de Jeannie y Bruce Korson.

en manada o grupo y no estar aislados durante periodos largos de tiempo. Otra característica es que el perro, como el lobo, mira hacia el líder –alfa– para seguirle. Ambos se comunican por medio del lenguaje corporal, no sólo dentro de su manada sino también con los extraños.

Toda manada tiene un individuo alfa. El perro espera que usted sea ese líder, o debería esperarlo. Si su perro no recibe el adiestramiento adecuado y la guía correcta, puede muy bien reemplazarle como alfa, lo cual sería un problema grave, y ciertamente un perjuicio para su perro.

El contacto visual es la manera en que el lobo alfa mantiene el orden dentro de su manada. Usted es alfa, por tanto debe establecer contacto visual con su cachorro. Obviamente su cachorro debe mirarle. Practique el contacto visual incluso si necesita sostener la cabeza del cachorro de cinco a diez segundos cada vez. Puede darle una golosina como recompensa. Su contacto visual debe ser cordial y no amenazador. Posteriormente, si él ha sido desobediente, puede permitirse una mirada larga y penetrante. Advierto aquí que hay algunos perros mayores que no han aprendido nunca el contacto visual cuando eran cachorros, y que no pueden aceptarlo. Debe evitar el contacto visual con estos perros, ya que se sentirían amenazados y reaccionarían en consecuencia.

Éste es Ch. Benjamin of 5T's con su propietaria Jo Thompson.

LENGUAJE CORPORAL

La reverencia o inclinación del cuerpo, con las extremidades anteriores bajas y las posteriores ele-

sión de su perro. La agresión juguetona hacia otro perro o hacia una persona puede ser indicación de una agresión grave en el futuro. Los dueños no deben jugar nunca a luchar ni a estirar objetos con ningún perro que tienda a ser dominante.

Los cachorros de Boxer que tienen contacto con las personas durante las 12 primeras semanas de vida las consideran como miembros de su propia especie –su manada–. Cachorro criado por el autor.

vadas, es una invitación para jugar. Los cachorros juegan a luchar, lo cual les ayuda a aprender los límites aceptables de mordedura. Saber esto les será necesario más tarde en su vida. Sin embargo, un dueño puede interpretar mal la naturaleza juguetona de la agre-

Son signos de sumisión:

1. Evita el contacto visual.
2. Sumisión activa: el perro se agacha, tira las orejas hacia atrás y baja la cola.
3. Sumisión pasiva: el perro se tumba sobre su costado con sus

169

patas posteriores al aire y frecuentemente orina.

Son signos de dominio:

1. Establece contacto visual.

2. Se mantiene de pie con las orejas altas, cola levantada y pelo del cuello erizado.

3. Muestra predominio sobre otro perro situándose en ángulos rectos sobre él.

Los perros dominantes tienden a comportarse de maneras características, tales como:

1. El perro no se muestra dispuesto a moverse de su lugar (p.ej.: es reacio a ceder el sofá si el dueño desea sentarse allí).

2. No suelta juguetes u objetos de su boca y muestra afán posesivo con su recipiente de comida.

3. No responde rápidamente a las órdenes.

4. Es desagradable cuando se le va a acicalar y no le gusta que le acaricien.

Los perros son populares debido a su naturaleza sociable. Los que tienen contacto con los seres humanos durante las 12 primeras semanas de vida los consideran como miembros de su propia especie –su manada–. Todos los perros tienen el potencial para desarrollar un comportamiento dominante o sumiso. Solamente a través de la experiencia y el adies-

Algunos perros, cuando están lejos de sus dueños, sienten una peculiar angustia, conocida como ansiedad de la separación. Los propietarios no deben exagerar el hecho de sus salidas y llegadas. Propiedad de Verena Jaeger.

tramiento aprenden con quien es apropiado exhibir cada uno de esos comportamientos. No todos los perros se interesan por el predominio, pero es necesario que los propietarios se den cuenta de ese potencial. Conviene que el dueño establezca su predominio desde el principio.

mirada es la primera acción elusiva que hay que emprender –puede evitar el ataque–. Es importante establecer contacto visual con el cachorro. El perro de más edad que no ha sido expuesto al contacto visual lo puede contemplar como una amenaza y no estar dispuesto a someterse.

Para evitar un problema de predominio es importante tratar cariñosamente a su cachorro de Boxer, especialmente durante el periodo entre los tres y los cuatro meses. En la foto Patti Ann Rutledge con Etta James.

Una persona puede expresar dominio o sumisión hacia un perro de las siguientes maneras:

1. Hacer frente a la mirada fija del perro indica dominio. Desviar la mirada indica sumisión. Si el perro gruñe o amenaza, desviar la

2. Estar más alto que el perro indica dominio; estar más bajo indica sumisión. Por esta razón, cuando se intenta hacer amistad con un perro extraño o se intenta recoger al que se ha escapado, se debe arrodillar a su nivel. Algunos dueños observan que sus perros

se vuelven dominantes cuando se les deja subir a los muebles o a la cama. Entonces están a la altura del dueño.

3. Un dueño puede conseguir dominio ignorando todas las iniciativas sociales del perro. El dueño solamente presta atención al perro cuando éste obedece una orden.

No se debe permitir a ningún perro que alcance un status dominante sobre un adulto o un niño. Las formas de evitarlo son las siguientes:

1. Maneje cordialmente al cachorro, especialmente durante el periodo entre los tres y los cuatro meses.

2. Deje que los niños y los adultos le den alimento con la mano y le enseñen a cogerlo sin abalanzarse ni arrebatarlo.

3. No permita que persiga a los niños o a los corredores.

4. No permita que salte sobre la gente o se suba a sus piernas. Incluso las hembras pueden tener tendencia a montar. No es sólo un hábito de los machos.

5. No permita que gruña por ninguna razón.

6. No participe en juegos de lucha o de estirar objetos.

7. No castigue físicamente a los cachorros por un comportamiento agresivo. Prohíbale repetir la infracción y enséñele una conducta alternativa. Los perros deben ganarse todo lo que reciben de sus dueños. Esto incluye sentarse para recibir caricias o golosinas, sentarse antes de cruzar la puerta para salir a pasear y sentarse para que le pongan el collar y la correa. Este tipo de ejercicios refuerzan el dominio del propietario.

Nunca se debe dejar solos a los niños pequeños con un perro. Es importante que los niños aprendan algunas órdenes de obediencia básica para que tengan algún control sobre el perro. Se ganarán así el respeto de su perro.

TEMOR

Uno de los problemas más comunes que experimentan los perros es el temor. Algunos perros son más temerosos que otros. Desde el punto de vista más intrascendente, cuya observación causa algunas veces cierta gracia, mi perro puede tener miedo de un objeto extraño. Actúa tontamente cuando algo está fuera de su sitio en la casa. Denomino su problema inteligencia perceptiva. Se da cuenta de lo anormal dentro de su entorno conocido. No reacciona del mismo modo en entornos extraños, puesto que allí no sabe lo que es normal.

Desde un punto de vista más serio hay que citar el temor a las personas. Esto puede producir co-

mo resultado un retroceso, buscando su propio espacio, y diciendo «déjame solo», o un comportamiento agresivo que conduzca a desafiar a la persona. Respete que el perro desee que le dejen solo, y dele tiempo para avanzar. Si se aproxima al perro arrinconado, éste puede recurrir a mordisquear. Si le deja solo, el perro puede decidir avanzar, lo cual debe re-

Es importante dejar que su Boxer entre en contacto con otros perros. Los perros correctamente sociabilizados no mostrarán agresividad hacia sus congéneres.

compensarse con una golosina. Hace años tuvimos una perra que se comportaba de esta manera. Instamos a la gente a que se parase al lado de nuestra casa y que hiciera amistad con nuestra perra temerosa. Aprendió a recibir golosinas y, después de algunas semanas de trabajo, superó su desconfianza e hizo amigos más pronto.

Algunos perros pueden tener inicialmente demasiado temor a recibir golosinas. En estos casos es útil asegurarse de que el perro no haya comido en las últimas 24 horas. Estar algo hambriento le anima a aceptar las golosinas, especialmente si son apetitosas. Tengo una perra que desconfía de los extraños, porque las personas raramente vienen de visita a mi casa. Con los años ha aprendido una indicación y salta rápidamente para visitar a cualquiera sentado en el sofá. Aprendió por sí misma que todos los que se sentaban en el sofá eran amigos de confianza. Creo que se sentía más cómoda estando situada a su nivel, en vez de tenerlos elevados por encima suyo.

Los perros pueden asustarse por numerosas cosas, incluyendo ruidos fuertes y truenos de las

El Boxer es una raza de carácter suave. Este cachorro de seis meses es Cutter, propiedad de Nell Marshall.

tormentas. Indefectiblemente el dueño ha de recompensar al perro (consolándole) cuando muestre señales de temor. Tuve un problema terrible con mi perro favorito en la clase de obediencia. No sólo estaba intimidado en la clase, sino también tenía miedo de los ruidos y estaba temeroso de disgustarme. Frecuentemente golpeaba la barra al saltar, que producía un ruido espantoso. Le animé porque continuó intentando franquearla, aunque estaba terriblemente asustado. Finalmente aprendí a «recompensarle» cada vez que golpeaba al saltar. Yo saltaba arriba y abajo, aplaudía y le decía lo fantástico que él era. Mi enfoque psicológico funcionó, se relajó y eventualmente llegó a saltar la valla con facilidad. Cuando su perro esté asustado, dirija su atención a otra cosa y actúe tranquilamente. No deje que se extienda su temor.

AGRESIÓN

Algunos de los diferentes tipos

de agresión son: predatoria, defensiva, por predominio, posesiva, protectora, inducida por temor, provocada por un ruido, por síndrome de «ira» (agresión no provocada), maternal y agresión dirigida hacia otros perros. La agresión es el problema de comportamiento más común. Las razas protectoras suelen ser más agresivas que otras, pero con una educación apropiada pueden ser compañeros muy fiables. Es necesario que sea capaz de interpretar la actitud de su perro.

Los factores que contribuyen a la agresión son diversos, incluyendo los genéticos y los del entorno. Un entorno inadecuado, que puede incluir condiciones de vida, falta de relación social, castigos excesivos, perros agresivos que asustan o atacan, etc., son algunos de los factores que pueden influir en el comportamiento de un perro. Incluso los mimos y los elogios excesivos pueden ser perjudiciales. El aislamiento y la falta de contacto humano o una provocación frecuente por parte de niños o adultos también pueden arruinar a un buen perro.

La falta de dirección, el temor o la confusión conducen a la agresión en aquellos perros que ya presentan inclinaciones en tal sentido. Cualquier ejercicio de obediencia, incluso el de sentarse y echarse, pueden dirigir al perro, y sirven para superar el temor y/o la confusión. Todos los perros deben aprender estas órdenes cuando son jóvenes, y conviene realizar reforzamientos periódicos.

Cuando un perro muestre señales de agresión, debe hablarle calmadamente (sin gritos ni histeria) y darle firmemente una orden que entienda, tal como «siéntate». Tan pronto como su perro obedezca, usted asume su posición dominante. La agresión presenta un problema porque puede implicar peligro para otras personas. Algunas veces es una secuela emocional. Puede ser que los dueños fomenten consciente o inconscientemente la agresividad de su perro. Otros dueños muestran sentido de responsabilidad aceptando el problema y tomando medidas para mantenerlo bajo control. El dueño es responsable de las acciones de su perro, y no es prudente correr el riesgo de que muerda a alguien, especialmente a un niño. En algunos casos graves la eutanasia puede ser la me-

Si usted y su Boxer se encuentran con un perro agresivo, procure conservar la calma y seguir su camino. Recuerde que un Boxer protegerá fielmente a su dueño si se presenta la situación.

jor solución. Sin embargo, son pocos los perros que llegan a un grado extremo de peligrosidad y menos aun los que significan una amenaza para sus propietarios. Si se toman precauciones, y se solicita asesoramiento profesional desde el principio, conjeturo que es posible controlar la mayor parte de los casos.

Algunos expertos recomiendan una dieta alimentaria baja en proteínas (menos del 20 por ciento). Creen que puede ayudar a reducir la agresividad. Si el perro pierde peso, puede añadirse aceite vegetal. Los veterinarios y los especialistas en comportamiento han tenido algunos éxitos con farmacología. En muchos casos es posible el tratamiento, con la consiguiente mejoría de la situación.

Si usted lo ha hecho todo de acuerdo con «el libro» en lo concerniente al adiestramiento y la sociabilización y todavía tiene un problema de comportamiento, no se demore. Es importante empezar a solucionar el problema antes de que esté fuera de control. Se calcula que el 20 por ciento del tiempo de un veterinario está dedicado a tratar problemas antes de que se conviertan en intolerables, e impliquen una absoluta necesidad de separar al perro de su casa y de su dueño. Si su veterinario no puede ayudarle, le remitirá a un especialista en comportamiento.

IDENTIFICACIÓN y búsqueda de perros perdidos

Hay varias maneras de identificar a su perro. La tradicional es un collar con la licencia del perro, y placas de vacunaciones, como la antirrábica. Lamentablemente los collares pueden separarse del perro y las placas se caen. No estoy sugiriendo que no deba utilizar un collar y placas. Si permanecen intactas y sobre el perro, son el medio más rápido de identificación.

Durante muchos años los propietarios han tatuado a sus perros. Los tatuajes utilizan un número como identificador inscrito en un registro. Aquí radica el problema porque hay varios registros que controlar. En EE.UU. si quiere tatuar, utilice su número de la seguridad social. Ello permite la identificación. El tatuaje se realiza habitualmente en el interior del muslo trasero en los perros de tamaño pequeño y en el interior de la oreja derecha en los medianos y grandes. Primero se afeita y anestesia la zona. La operación es indolora, aunque a algunos perros no les gusta el zumbido del lápiz mágico o la presión de la pinza de

tatuar. A veces, al cabo de un tiempo, el tatuaje no es legible, y es necesario repetirlo.

El método más reciente de identificación es el microchip. Se trata de un diminuto chip de ordenador, no mayor que un grano de arroz. El veterinario lo implanta inyectándolo entre las escápulas. El perro no siente incomodidad. Si su perro se pierde y lo recogen, pueden localizarle a usted escaneando el microchip, que tiene su propio código. Los escáners de microchip son compatibles con diversas marcas de microchips y sus registros. El microchip incluye una placa indicando que el perro lo lleva, cuyo código debe figurar inscrito en un registro, al igual que ocurre con el tatuaje.

BÚSQUEDA DE PERROS PERDIDOS

Estoy seguro que estará de acuerdo conmigo en que hay pocas cosas peores que perder a su perro. Los propietarios responsables raramente pierden a sus perros. No les dejan sueltos porque no quieren que sufran daños. No sólo

El método de identificación más reciente es el microchip. Consiste en un chip de ordenador no mayor que un grano de arroz.

eso, sino que, además, la mayoría de normas municipales prohíben dejar sueltos a los perros.

Tenga cuidado con los patios vallados. Pueden ser un riesgo. Los perros suelen encontrar medios para escapar por debajo o por encima de la valla. A continuación se da una lista, con la esperanza de que le sea útil si la necesita. Recuerde que no hay que distraerse, sino mantenerse vigilante. Su perro se merece todos sus esfuerzos.

1. Contacte con sus vecinos y ponga cartelitos con una foto del perro en las esquinas. La información debe incluir el nombre del perro, su raza, sexo, color, edad, fuente de identificación, cuándo y dónde fue visto su perro por última vez, y su nombre y número de teléfono. Puede ser útil indicar que el perro necesita cuidados médicos. Ofrezca una recompensa.

2. Controle diariamente todas las sociedades protectoras. También es posible que su perro haya sido recogido lejos de casa y acabe en una protectora apartada. Diríjase a ellos. Vaya personalmente. No basta llamar por teléfono. Muchas protectoras tienen espacio limitado y, al cabo de un tiempo determinado, dan los perros en adopción o los sacrifican. Existe la posibilidad de que hayan pasado varios días desde la desaparición y su perro no esté en ninguna protectora.

3. Informe a todos los veterinarios locales. Envíe y reciba comunicados.

4. Llame a su criador. Frecuentemente la gente se pone en contacto con los criadores cuando encuentran un ejemplar de su raza.

5. Contacte con las escuelas locales –posiblemente los niños hayan visto a su perro.

6. Ponga cartelitos en las escuelas, tiendas, gasolineras, clínicas veterinarias, peluquerías caninas y cualquier otro lugar que se lo permitan.

7. Anúncielo por la radio y en la prensa.

Viajes con su perro

Cuanto más pronto empiece a viajar con su nuevo cachorro o perro, mejor. Necesita llegar a acostumbrarse a viajar. Sin embargo, algunos perros son pasajeros nerviosos y se marean fácilmente. Es útil que inicie el viaje con el estómago vacío. No se desespere, pues todo mejorará si continúa llevándole en cortos viajes de placer. ¿Cómo se sentiría usted si cada vez que subiese al coche parase en casa del médico para una inyección? Pronto temería al desagradable automóvil. Los perros más viejos que tienen tendencia a marearse quizá presenten más de un problema relacionado con el viaje. Esos perros que tienen problemas serios pueden mejorar con alguna medicación prescrita por el veterinario.

Dé a su perro oportunidad de aliviarse antes de subir al coche. Es buena idea estar preparado para una limpieza con una correa, toallas de papel, bolsa y esponja.

El lugar más seguro para su perro es dentro de una jaula de fibra de vidrio, aunque ese estrecho confinamiento puede promover mareo en algunos perros. Si su perro es nervioso, puede probar a dejarle en el asiento contiguo o en el regazo de alguien.

Una alternativa a la jaula sería utilizar un cinturón de seguridad especial para perros y/o una correa de seguridad atada al arnés o collar. En cualquier caso, no deje a su perro suelto en la parte posterior de una furgoneta con puerta abierta, sino que debe atarlo con una correa muy corta. He visto furgonetas que han frenado de repente, y aunque el perro estaba atado, se cayó y fue arrastrado.

De vez en cuando dejo a mis perros sueltos conmigo cuando los transporto, porque realmente disfruto con su compañía pero, con toda honradez, debo decir que están más seguros en sus jaulas. Tengo un amigo cuya furgoneta volcó en un accidente, pero sus perros, en sus jaulas de fibra de vidrio, no sufrieron lesiones ni se escaparon. Otra ventaja de la jaula es que es un sitio seguro para dejarle si debe entrar en una tienda. Tenga presente que aunque muchos perros están bien protegidos en sus jaulas, esto no basta para disuadir a los descuideros de perros. En algunas ciudades constituye una infracción dejar a un perro en el coche sin vigilar.

Nunca deje suelto a un perro en el coche con collar y correa. Conozco el caso de más de un perro que se ha matado ahorcándose. No deje que saque la cabeza por una ventanilla abierta. Puede impactarle un cuerpo extraño en los ojos. Al dejar solo a un perro dentro del coche, tenga en cuenta

la temperatura. En menos de cinco minutos pueden alcanzarse temperaturas de más de 38 grados centígrados.

VIAJES

Quizás esté pensando realizar un viaje. Tenga en cuenta qué es mejor para su perro: viajar con usted o ser transportado por tren, barco o avión. Si viaja en coche, furgoneta o caravana debe pensar antes en cerrar su vehículo. Con toda probabilidad, usted llevará objetos valiosos en el coche y no

Bosco, propiedad de la familia Michals, parece haber encontrado un asiento cómodo en el coche. Al viajar tenga siempre en cuenta la seguridad y la comodidad del perro.

¡A los Boxers les encanta viajar! Ch. Merrilane's Monument, CD, Ch. Gabriela of Hala-
kau, UD, y Ch. Seawest Choclatell Supriz, CD disfrutan con el flujo de la marea.

querrá dejarlo sin cerrar. Quizá lo más valioso, y no reemplazable, sea su perro. Recuerde asegurar su vehículo y proporcionarle ventilación adecuada, y lo mejor es no dejarle dentro. Otro punto a considerar cuando viaje con su perro son problemas médicos y pequeños inconvenientes que pueden surgir, tales como la exposición a parásitos externos. Algunas zonas están infestadas de pulgas. Por tanto, conviene que lleve un pulve-

rizador antipulgas. Esto es siempre una buena idea si se aloja en hostales y pensiones.

Muchos hostales y pensiones e incluso hoteles aceptan huéspedes caninos, incluso los de primerísima categoría. Hay guías de hoteles, con muchos datos, que indican también si admiten perros. Conviene siempre consultarlo previamente. Algunas veces es necesario dejar un depósito de dinero ante posibles daños en la ha-

El arnés de la foto ha sido diseñado para proteger de lesiones a los perros que van en el automóvil, sujetándoles en su lugar y evitando que molesten al conductor y a los pasajeros.

rección del hotel se siente más segura si usted menciona que su perro permanecerá en su jaula. Dado que mis perros tienden a ladrar cuando salgo de la habitación, dejo la televisión encendida para amortiguar los ruidos exteriores que les incitan a ladrar. Si viaja con su perro, lleve bastantes bolsas para que pueda recoger las deposiciones. Si todos cumplimos en lo referente a la limpieza, haremos posible que aumente el número de establecimientos hoteleros que admitan a nuestras mascotas. En realidad, debe poner en práctica las normas de limpieza cada vez que salga con su perro.

Dependiendo del lugar a donde viaje, quizá necesite un certificado actualizado extendido por su veterinario. Una buena norma es llevar consigo la información médica sobre su perro, que puede incluir el nombre, dirección y teléfono de su veterinario, el registro de vacunaciones, el certificado antirrábico, y cualquier medicamento que tome.

VIAJE EN AVIÓN

En los viajes en avión, es necesario que contacte con las líneas aéreas para informarse sobre sus

bitación. Por supuesto, es más probable que consiga alojamiento para un perro pequeño que para uno grande. Por otra parte, la di-

Las jaulas son un buen medio para que su perro viaje seguro. Las jaulas de fibra de vidrio son más seguras, pero las metálicas permiten más ventilación.

normas. Generalmente tendrá que establecer un acuerdo con un par de semanas de anticipación para viajar con su perro. Las líneas aéreas exigen que su perro viaje en una jaula de fibra de vidrio aprobada por la compañía. Generalmente puede comprarse a través de la línea aérea, pero también puede adquirirse en la mayoría de tiendas especializadas en material para mascotas. Si su perro no está acostumbrado a una jaula, es conveniente hacer que se aclimate a la misma antes de su viaje. El día del viaje debe abstenerse de darle agua a partir de una hora antes de la salida, y alimento a partir de 12 horas antes. Las líneas aéreas tienen generalmente restricciones de temperatura, que no permiten que las mascotas viajen si hace demasiado frío o demasiado calor. Frecuentemente estas restricciones se basan en las temperaturas en los aeropuertos de salida y de llegada. Es mejor consultar lo referente al certificado sanitario. Debe procurar hacer vuelos directos de una ciudad a otra, y, si debe efectuar trasbordo de avión, ha de enterarse si el segundo transportará perros. Hay organizaciones, tales como la Humane Society en los Estados Unidos, que ha editado folletos con consejos sobre el viaje en avión.

Las normas varían según sean viajes nacionales o internacionales, y algunas veces las cambian sin previo aviso. En los viajes internacionales, se debe escribir o telefonear anticipadamente al consulado correspondiente o al departamento de agricultura solicitando instrucciones. Algunos países tienen cuarentenas largas (seis meses), y otros difieren en sus requisitos de vacunación antirrábica. Por ejemplo, algunos exigen que la vacunación se haya realizado al menos treinta días antes de la salida.

Asegúrese de que su perro lleve la identificación correcta. Nunca se sabe cuando puede ocurrir un

Por osado y aventurero que pueda ser su Boxer, no es recomendable el viaje en motocicleta. En la foto Tim Teubner con Kayla's Breathless Way.

accidente que le separe de su perro. O tal vez se asuste y se escape. Cuando viajo, mis perros llevan collares con placas grabadas con mi nombre, teléfono y ciudad.

Otra sugerencia sería incorporar instrucciones en caso de emergencia. Incluirían la dirección y el número de teléfono de un pariente o amigo, el nombre de su veterinario, dirección y número de teléfono, y la información médica de su perro.

RESIDENCIAS CANINAS DE ALQUILER

Quizá decida que necesita dejar a su perro en una residencia canina. Su veterinario puede recomendarle una buena instalación, o la alternativa de un cuidador que vaya regularmente a su casa. Generalmente la residencia canina pide certificados completos de vacunaciones, incluidas contra la rabia y la bordetella. Esta última vacunación debe haberse efectuado seis meses antes del alojamiento, como medida de protección, incluso

para usted. Si no piden este certificado, yo no dejaría un perro en sus instalaciones. También se ha de exigir el control de pulgas. Los perros que padecen alergia a la picada de pulgas pueden tener problemas en una residencia canina. Lamentablemente las residencias caninas que funcionan tienen limitaciones sobre lo que pueden hacer al respecto.

Nuestra clínica tiene técnicos que cuidan de las mascotas y que las alojan en sus casas, lo cual constituye una alternativa. Pregunte a su veterinario si tiene un empleado que pueda ayudarle. Es una ventaja poder disponer de cuidados técnicos para su perro, especialmente si está sometido a medicación o si tiene muchos años.

Los rediles portátiles son ideales cuando se viaja. Permiten ejercicio sin riesgo dentro de los límites del redil. Propietarios, Nancy y Bill Doyle.

ÍNDICE ALFABÉTICO